KINFOLK

TRAVEL

KINFOLK 啟程

悠然觀看世界的每一分美好

KINFOLK

TRAVEL

KINFOLK 啟程

悠然觀看世界的每一分美好

HOW *to* LIVE WITH NATURE

約翰·伯恩斯

JOHN BURNS

suncolor
三采文化

幕後製作

總編輯
約翰·伯恩斯
John Burns

藝術總監與書籍設計
史達芬·蘇恩史壯
Staffan Sundström

編輯
哈莉葉·費區·利特
Harriet Fitch Little

設計助理
茱莉·佛恩柏森
Julie Freund-Poulsen

執行製作
蘇珊·布克·彼得森
Susanne Buch Petersen

通路經理
愛德華·曼納寧
Edward Mannering

插畫
羅倫索·波維丹薩
Lourenço Providência

封面攝影
羅德里格·卡莫耶加
Rodrigo Carmuega

特約工作人員

伊曼·阿里 Eman Ali
駐點於倫敦與阿曼的視覺藝術家，獲選為二〇二
〇年《英國攝影雜誌》（British Journal of Photog-
raphy）「焦點女性」（Female in Focus）。

安東尼·布拉斯科 Anthony Blasko
來自俄亥俄州的攝影師，作品散見於《大西洋》
（Atlantic）、《紐約客》（The New Yorker）及
《Vicotry Journal》雜誌。

史蒂芬妮·達克·泰勒 Stephanie d'Arc Taylor
旅遊作家、貝魯特獲獎新創公司創辦人。

露易絲·戴斯諾 Louise Desnos
巴黎攝影師，二〇一六年法國耶爾國際時尚攝影
節（Festival de Hyères）決選入圍。

泰芮·韓德森 Teri Henderson
《BmoreArt》雜誌特約撰稿人、Black Collagist創
辦人。

莫妮莎·拉傑 Monisha Rajesh
倫敦記者、《八十列火車遊世界》（Around the
World in 80 Train，暫譯）作者。

崔斯坦·羅瑟福 Tristan Rutherford
獲獎多次的旅遊作家、《Tonic》雜誌特約編輯。

目　錄

PART ONE

漫步城市

PART TWO

野遊自然

PART THREE

旅途行腳

前　言

INTRODUCTION

　　無論你身處世上哪一個國家，應該都會覺得本書介紹的地方有些陌生遙遠，有些熟悉親切。事實上，地點並不是最重要的。

　　《KINFOLK 啟程》將旅行視為一種探索的態度，同時也是一種行動或目的。重點在於旅行的方式，而非去哪裡旅行，因為離家十五公里與離家一萬五千公里，都可能讓人靈感泉湧，深受啟發。本書主張以徐緩悠然的節奏來觀看世界，細細品味箇中美好。聽起來似乎有悖常理，但行程愈少，就能看到愈多，而這正是慢旅行的精神，以舒服悠閒的步調探尋事物，並在過程中藉由對自己及所遊之地、所遇之人都有意義的方式來了解周遭的一切，全然沉浸於當下。

　　書中的故事會帶大家橫越六大洲，前往孟買、馬斯開特、塞內加爾、蘇格蘭、以色列和伊朗，踏上超過二十五個地方，並透過簡單的活動與在地嚮導介紹每一個去處，沒有詳盡的飯店住宿推薦、美食餐廳攻略和觀光景點一覽表。每位讀者的品味、喜好與要求各異，我們建議的行程和地點不太可能樣樣打動你心。團隊的初衷，是希望《KINFOLK 啟程》能成為一本另類旅遊指南，鼓勵大家深入思考，用不一樣的角度來看待新的旅程和目的地。

　　書中每位嚮導都有一個共同點，那就是與他們稱之為「家」的地方有著非常私人而緊密的羈絆，他們抱著「每天都是新的一天」的態度投入生活，從而滋養、強化了這種連結感。在第一部〈漫步城市〉與第二部〈野遊自然〉中，新朋友、老朋友歡迎我們走進世界一隅，揭露他們在其間發現的私房祕境。流連博物館、逛書店、騎單車、賞鳥、散步、享受美酒……這些溫和舒緩的探索之道在在提醒我們，無論離家有多近，無論是在都市抑或大自然，永遠都有新鮮事等待我們去發掘。

　　第三部〈旅途行腳〉則聚焦於交通體驗；我們相信，採用不太方便但更令人難忘的方式移動，能讓旅程從「達成目的的工具」轉變為「目的」本身。

　　希望你下次前往他方時，能有機會運用本書提供的方法來探求這個世界。若所謂的「他方」只是家裡靠窗的扶手椅，我們也希望你能身歷其境，享受書頁間的旅程。觀思自我，隨時留心身旁的事物，並尋得新的方式來拉近兩者之間的距離——旅行，也可以這麼簡單。

PART ONE

漫步城市
URBAN

活動、飲食與文化特質：簡單的樂趣，是讓城市生活變得愉快的關鍵。

郊區與通勤地帶的實驗性住宅區展現出不一樣的巴黎生活樣貌。在義大利設計師法比齊奧‧卡西拉奇
（Fabrizio Casiraghi）眼中，這些不尋常的建築與甜膩的巴黎市中心形成鮮明對比。

巴 黎 城 郊 群 像

THE SUBURBAN SIGHTS OF PARIS

　　優美雅致的酒店、圓頂教堂、典型的奧斯曼風格（Hausmannian）建築……浪漫色彩濃烈的巴黎歷史，從城市的結構輪廓中便可窺見。生於米蘭、現居巴黎的室內設計師法比齊奧‧卡西拉奇擁有都市計畫背景，認為法國對自身歷史的尊重極其可貴。「站在新橋（Pont Neuf）上遠眺塞納河真的很棒，」他說，「就像電影場景一樣，美得無與倫比。」

　　然而，卡西拉奇的建築試金石——由西班牙建築師里卡多‧波菲爾（Ricardo Bofill）設計、座落在大諾瓦西（Noisy-le-Grand）郊區，龐大壯觀的艾布拉克斯廣場建築群（Espaces d'Abraxas）——卻與電影般的巴黎格格不入。該建築群位於巴黎東郊的馬恩河谷（Marne-la-Valleée），從市區搭 A 線區間車約莫一小時車程。卡西拉奇初次造訪時，光是建物範圍就讓他大為震懾。「我覺得自己好渺小。眼前的畫面看起來就像劇院舞臺布景，」他說，「有時我們就是需要這種感覺，以再次發掘、認識新的自我。」

　　波菲爾的烏托邦式建築描繪出一種另類的巴黎生活，吸引了《巴西》、《飢餓遊戲：自由幻夢》等反烏托邦電影來此取景拍攝。身為外國人，波菲爾不受法國傳統或規範影響，事實上，這恰是這三個建築區（宮殿、劇場和拱門）如此扣人心弦的原因。相對於巴黎狹窄稠密的空間與保守的同質性，這片建築群的寬廣遼闊就像某種形式的釋放，創造出一種新穎、如雕塑般的空間感，與市中心嚴格統一的建築樣式截然不同，而這正是其體驗價值所在。

　　艾布拉克斯廣場建築群成為大巴黎地區獨一無二、規模非比尋常的視覺語彙，卡西拉奇認為，親睹其真貌所帶來的感官超載，與他年少時初訪新德里的體驗相似。「只有波菲爾做得到，這就是它們的力量。這些建築就像藝術品，」他說。超大比例就是它們的美學魅力來源，「新古典主義無處不在——例如典型的希臘石柱——不過是加大版！沿著那座廣場走的感覺，與隨便沿著一條大道走天差地遠。」

　　巴黎郊區（banlieues）的廣人住宅區最初建於二十世紀後半葉，用以安置（與隔離）外來移民。儘管這些計畫是在「新城市」的烏托邦敘事脈絡下制定而成，類似的地區與社群依舊遭到汙名化。社會經濟因素與功利主義結構導致郊區被貼上負面標籤，形成明顯「排外」的偏見，無視那些承襲自法國的原型設計與生活方式。

卡西拉奇表示，大多數郊區建築都是「可怕的箱匣，與城市毫無連結，也沒有建築價值。」然而，波菲爾把新穎的圖像學應用至郊區，以具體的方式將都市生活概念化，形塑出跨越種族、社會、經濟和世代的混合體。他在探讀社會學研究的過程中，看見了社會融合的必要性，堅持住宅內要有一定比例的近期移民社群與法國在地社群混居。卡西拉奇同意，認為這是人們能否妥善適應城市生活的關鍵。

其他巴黎郊區也值得一遊。譬如南提赫帕布羅畢卡索住宅區（Cité Pablo Picasso）的 Les Tours Aillaud 不鏽鋼建築群（最近才斥資數百萬歐元進行翻修）；位於古貝弗瓦（Courbevoie）、座落在拉德芳斯商業區的 Les Damiers 階梯狀集合住宅；以及克雷泰（Créteil）那十座外觀奇特、有著如波浪起伏、形狀圓胖的陽臺，因而被暱稱為「甘藍菜」（Les Choux）的建築等。

卡西拉奇融合巴黎的裝飾傳統與米蘭的端莊矜重，形成一套低調優雅的美學風格，吸引了許多眼光獨到的客戶，例如時裝品牌 Lemaire 與 Kenzo 位於上瑪黑區的精品店、第七區的濱海咖啡館（Café de l'Esplanade）室內裝潢、第二區的杜翁餐廳（Drouant restaurant），皆出自他巧手。「我家在第九區，這是巴黎最時髦奢華的街區之一，而我住的那條街上有兩棟社會住宅。將社會住宅蓋在有能力花

兩百萬歐元買間公寓的居民旁邊，是件別具意義的事。」他說，「讓出身背景相同的人生活在一起，維持絕對的一致性是行不通的。」

這些年代久遠的郊區住宅是否適居，至今仍存在許多爭議。事實上，二〇〇六年，當地政府打算拆除艾布拉克斯廣場建築群，卻遭民眾強烈反對，導致計畫停擺。

法國對其文化深感自豪，非常保護這些遺產，其中最重視的大概就是建築領域。遊客與居民都希望，即便邁入二十一世紀，巴黎的神話、優雅與格調依舊能存續下去，不受干擾，亦無須更新。不過，目前巴黎正在進行一項野心勃勃的都市計畫，期待未來能消弭貧困郊區與市區之間的隔閡，降低社群的派系偏見和孤立性，甚至促進市中心以外的地區文化蓬勃發展。

卡西拉奇認為，若能好好延續波菲爾的初衷與願景，艾布拉克斯廣場建築群或可和歷史悠久的巴黎地標「萬神殿」一樣，成為建築設計勝地。縱使在巴黎這樣一個似乎凍結於往昔的城市裡，蘊藏價值與美麗的事物也可能有所改變。「住在第一區或第二區的人不想去第十八區，」卡西拉奇笑著說，可見不願去大諾瓦西的人更多。「大家卻會跑到法國鳥不生蛋的地方看柯比意（Le Corbusier）建造的禮拜堂。那為什麼不能來這裡？」

左圖
—
伊夫林省聖康坦（Saint-Quentin-en-Yvelines）
的 Les Arcades du Lac 住宅區，從巴黎北站
搭火車只需一個多小時即可抵達。這是波菲爾
在法國打造的第一座社會住宅。

上圖
—
卡西拉奇走過 Les Arcades du Lac。住宅
街區僅供行人徒步，設計則模仿法國古典
花園樹籬。

「我覺得自己好渺小⋯⋯
有時我們就是需要這種感覺，可以再次發掘、認識新的自我。」

上圖
—
Les Tours Aillaud 住宅區，建於一九七六年，共有
一千六百多間公寓，距夏特雷大堂站（Châtelet-
Les Halles）約三十分鐘火車車程。

右圖
—
Les Tours Aillaud 的公寓窗戶皆採復古
未來主義設計，不是圓形就是水滴形。

上圖右

—

西班牙雕刻家米格‧貝羅卡（Miguel Berrocal）的「獻給畢卡索的薩拉邦舞曲」（Sarabande pour Picasso），為畢卡索廣場（Les Arènes de Picassos）上的裝置藝術。此社會住宅區有時又被稱為 Les Camemberts，即「卡門貝爾乳酪」（一種法國白黴乳酪，有層稍硬的白色外皮，口感柔滑濃郁）。

右圖

—

畢卡索廣場，由曼紐‧努涅茲‧亞諾斯基（Manuel Nünnez Yanowsky）設計，於一九八〇年代中期落成，從夏特雷大堂站乘車約二十五分鐘即可抵達，是大諾瓦西地區最引人注目的景點之一。

1

畢卡索住宅區的
Les Tours Aillaud 大樓

拉德芳斯昂然聳立的鋼鐵摩天樓，與你自認所知的巴黎相去甚遠。在這個知名商業區邊緣，佇立著擁有白色、粉色與藍色外牆的 Tours Aillaud，這些建築群有個比較常見的名稱叫雲朵大樓（Tours Nuages），其隨興起伏的波浪狀外觀，替原本灰暗的地區增添了一抹異想天開的色彩。

Nanterre, Paris

2

拉德芳斯商業區的
Les Damiers 公寓

這兩棟建於一九六〇年代的金字塔形公寓受到不少人青睞，其中包含粗獷主義愛好者和兩位目前仍拒絕搬離的房客。俄羅斯遺產組織計畫將此處改造成兩座高塔，但迄今尚未動工。對他們而言，這些建築的時代已逝，不復存在。

Courbevoie, Paris

3

艾布拉克斯廣場建築群
（Espaces d'Abraxas）

里卡多．波菲爾將此處視為「城市紀念碑」。三個主要建築區的設計靈感來自巴黎市中心的新古典主義建築，如飛檐、立柱等。

Noisy-le-Grand, Paris

4

Les Arcades du Lac 公寓

位於低收入戶住宅區，建於一九八一年，由波菲爾的 Taller de Arquitectura 建築師事務所設計，以回應另外兩項截然迥異的建築計畫。這些公寓不僅與柯比意在一九六〇年代打造的純白住宅相對立，也是對鄰近富麗堂皇的凡爾賽宮的反動。

Montigny-le-Bretonneux, France

5

公園住宅區（Cité du Parc）

自空中俯瞰，這片位於巴黎塞納河畔伊夫里（Ivry-sur-Seine）郊區的粗獷主義建築群感覺似乎不太友善，尖銳的鋸齒狀混凝土結構讓房屋看起來像個超大星形飛鏢，而非歡迎人們入住的公寓。然而仔細端詳，會發現在角落和縫隙中藏著綠意盎然的陽臺，以及溫馨愜意的舒適感。

Ivry-sur-Seine, Paris

6

Les Orgues de Flandre 塔樓

字面意思為「佛蘭德爾的管風琴」，這四座帶有粗獷主義風格的塔樓位於巴黎十九區，以樂曲形式命名，分別為前奏曲、賦格曲、聲樂曲和奏鳴曲。此外，它們的外觀亦如音樂流轉跌宕，前傾俯身於街道上方，樓梯朝天空迴繞盤旋，但粗獷主義的原則不變，每棟樓都有編號以供識別。

24 Rue Archereau, Paris

7

坎布雷庫里亞住宅區
（La Cité Curial-Cambrai）

緊密相扣的陽臺系統將建築一角與另一角連結在一起，讓建築群看起來宛若垂直迷宮。這種合為一體的視覺效果讓人很容易忘記這個住宅區其實是由數十間獨立的公寓組成，內部有無數的牆將家戶分隔開來。

Curial-Cambrai, Paris

8

克雷泰的「甘藍菜」建築群
（Choux de Créteil）

巴黎有「蘆筍」——這是一八八七年艾菲爾鐵塔落成時，巴黎人替它取的綽號——而克雷泰郊區有「甘藍菜」。這十棟白色大樓建於一九七〇年代，各有十五層樓高，陽臺呈葉片狀，可以在那裡欣賞風景。

Créteil, Paris

沿著城市街道賽跑，乍看之下和慢旅行恰恰相反。然而在首爾，跑步成了一種動力和探索韓國都市的方法，至少對當地路跑社團創辦人詹姆斯·李·麥昆（James Lee McQuown）來說是這樣。

跑玩首爾街弄

RUNNING THE STREETS OF SEOUL

身為世上最瘋狂熙攘的超級城市之一，首爾似乎不太可能成為路跑迷心目中的聖地。人行道上擠滿攤販和人潮，尖峰時刻的馬路更是被車子塞得水洩不通，看不到盡頭。但在地的跑者都知道，正是這種混亂讓徒步穿越首爾多了一種無與倫比的解脫感，甚至讓人得以沉思冥想，暫時逃離塵囂。

十年前，路跑在南韓不如現今蔚為風潮。過去路上很少有人在跑步，就算有，大概也是穿著短褲的中年大叔，手上還拿著卡帶式隨身聽，不戴耳機，邊聽老歌邊跑。時至今日，路跑活動及相關文化愈來愈興盛，會有這樣的轉變，都要歸功於一群地下 DJ。

二〇一三年，六名音樂家和藝術家組成了 360 Sounds 樂團，為了平衡自己熬到深夜又狂喝豪飲、不健康的生活方式，他們決定將主場從夜店拓展至街道，並稱這個社團為「私人路跑俱樂部」（Private Road Running Club，PRRC）。當時還只是一群朋友隨意聚會，隨著越來越多人（和品牌）詢問能否參與活動，PRRC 決定對外開放，歡迎大家加入路跑行列。

「社群日益壯大，能有幸成為其中的一分子真的很棒！」三十八歲，在首爾擔任模特兒和 DJ 的 PRRC 共同創辦人李（Lee）說。「一開始有人會問，『這些小鬼到底在做什麼？』其他人出門喝酒玩樂，我們是出門跑步流汗，過了好幾年大家才明白這個社團的用意。」

PRRC 自創立以來，Instagram（@prrc1936）上的粉絲便數以百計成長，其中有三十到五十人會定期參加路跑活動。李自己在成立 PRRC 前很少跑超過八公里，現在幾乎每天都會繫上鞋帶出去跑步，而且風雨無阻（以韓國的情況來看，或可說空氣品質好壞無阻）。多年來，他參加了

六次馬拉松和十九次路跑賽。他說:「私人路跑俱樂部這個名字變得有點像隱喻,因為儘管和其他人一起跑,你仍舊必須跑過個人專屬的道路。若人生是場馬拉松,你的責任就是調整自己的步調,好好地跑。」

具備城市多樣性與多功能性的首爾已成為重要的路跑城市。舉凡山路、泥徑、遼闊的公園空地或平坦的跑道應有盡有,跑者可以自由選擇;春天能伴著美麗的櫻花與清香,秋天能看見紅褐色的樹葉翩然落下。

對熱愛交際的跑者來說,PRRC是個很友善的社團。除了鼓勵大家「#JoinTheMotion」投身活動外,他們也很歡迎遊客一起參與。「踏出戶外,加入我們吧!」李表示,而對那些喜歡獨自跑步和探索的人,他也有很多值得推薦的好地方。

「就路線來看,第一名無疑是漢江。漢江就像赤道,將首爾劃分為南北兩區,不僅交通方便,還有城裡最大的開放空間。」他說,「漢江一路延伸到城市之外,所以可以一直跑,跑到心滿意足為止。我之前就在河邊跑過幾次單人馬拉松。」另一條宜人的河濱路線是清溪川,該河流經都市更新地區,最終與漢江匯流。此外,李還推薦首爾森林、奧林匹克公園、汝矣島公園、天空公園和位於首爾心臟地帶的南山公園等熱門路線。

不過他補充,想在城裡跑步的遊客不該事先規劃,侷限於特定路徑。「只要出門朝某個方向跑就好,放膽讓自己迷路,反正隨時都能搭計程車或地鐵回去。」他說,「這是遊覽首爾的好方法,因為這裡治安不錯,你可以有點野心,有點冒險精神。」

李認為,跑步是了解首爾最棒的方式。「路跑能讓你好好欣賞周遭的人事物,」他說,「一旦徒步橫越一定的距離,就會產生一種親密感。你會開始熟悉環境,注意到大自然,嗅聞到氣味,甚至感受到季節——這些都是開車或坐火車體驗不到的。」

左圖
—
李（右）與私人路跑俱樂部成員一同跑過
梨泰院正北方的南山公園。整座山都是公
園的一部分。

上圖
—
熱鬧的梨泰院大街位於南山公園附近，蜿
蜒穿過街區的道路旁有許多咖啡廳，運動
後不妨坐下來放鬆一下。

上圖

—

南山公園的路坡度很陡，海拔約兩百六十二公尺的
南山就聳立在公園中央。從山頂可以看見知名地標
首爾塔，壯觀的城市美景盡收眼底。

右圖

—

梨泰院是首爾最國際化的街區，有許多有趣的餐
廳、商店與燦爛的夜生活。過去這裡種了許多梨
樹，故有此名。

上圖左
—
私人路跑俱樂部歡迎所有想加入跑步行列、探索首
爾的遊客。李鼓勵那些想參與活動的人,可以直接
透過社群媒體聯絡他們。

上圖右
—
從首爾各角落都能瞥見南山公園。碧草如茵的公園
綠地與林蔭步道是當地居民日常運動健身的好去
處。每逢春天櫻花盛開的季節,公園風景如畫,堪
稱絕美。

1

漢江

漢江兩岸有許多蜿蜒曲折的小路，是理想的跑步地點。盤浦大橋與漢南大橋間的環狀路線長約六‧四公里，跑步之餘還能順道遊覽途中幾座河濱公園。

2

南山公園

首爾最大的公園，擁有超過十公里的石板小徑，以及長約兩公里、穩定上升的坡路，直達首爾塔所在的高地。南山公園的櫻花數量也是首爾之最，因此春季人潮眾多，擠滿賞花的遊客。

3

良才川

漢江的支流，從江南到首爾賽馬公園間的河濱步道長約七公里，沿途種有數百棵成熟的水杉，林木青翠茂盛，除了遮蔭外，更營造出恬靜的氛圍。

4

汝矣島公園

位於首爾市中心。繞著汝矣島約八公里的路線跑，可以看到國會議事堂、韓國產業銀行及其他都市風貌。

5

北漢山國家公園

從首爾市區開車前往北漢山國家公園遊客中心只需二十分鐘，端視交通情況而定。園區內除了有三座嶙峋的花崗岩山可供健行，還有超過七十八平方公里的森林可以野跑。途中別忘了停下腳步欣賞廟宇建築，體驗攀岩的樂趣。

6

天空公園

千禧公園座落於首爾市中心，為了紀念千禧年，將垃圾掩埋場改建而成的大型環境生態園區，共有五座公園，通往天空公園的步道為其一大亮點。可以沿著兩百九十一級的階梯往上跑，穿過陡峭的路堤，再奔向山下另外四座彼此相連的公園。

7

清溪川

清溪川是二〇〇五年完成的一項大型都市更新計畫，全長約十公里，流經首爾市中心與當地幾處最熱鬧的娛樂、購物和商業區，沿途的燭光噴泉及高約四公尺的璀璨水景非常壯觀，值得一看。

8

奧林匹克公園

為了舉辦一九八八年夏季奧運而興建，世界和平之門（World Peace Gate）即座落於此，門下還有永恆聖火和一系列壁畫。從聖火旁跑過後，可以繼續遊覽雕刻公園、國旗廣場和花香芬芳的玫瑰公園，欣賞園區內兩百多件藝術作品。

智利首都聖地牙哥是個與眾不同、特立獨行的城市。根據電子流行音樂人哈薇拉·梅納（Javiera Mena）的說法，
感受聖地牙哥精神最好的方式，莫過於夜晚在酒吧與音樂表演空間流連，用耳朵聆聽。

聖 地 牙 哥 原 聲 帶

THE SOUNDTRACK OF SANTIAGO

　　智利境內沾上細雪的安地斯山脊巍然屹立，一路延伸到聖地牙哥；山腳下，南美洲最高的建築「大聖地牙哥塔」（Gran Torre Santiago）刺穿了首都金融區光芒閃爍的天際線。大街小巷中洋溢著充沛的活力、繁盛的地下文化、激烈的抗議示威和大規模人口變動，交錯譜出這座轉型城市的原聲帶。

　　在這裡，沉默是一種過時的商品。「我是個都市女孩，」電子流行樂藝術家哈薇拉·梅納說。她在色彩繽紛的馬普丘（Mapocho）、雲蓋（Yungay）、共和區（República barrios）等城市心臟地帶長大，後於二〇一九年搬到西班牙，尋覓新的職涯發展。「我覺得自己從未真正離開過聖地牙哥。我總是來來去去，但我的根在市中心。每次去到那裡，我都能與真實的自我重新連結。」市區成了一個窗口，讓人得以一探聖地牙哥熱情活躍的夜生活。「聖地牙哥在地理位置和經濟上都很孤立，鮮少有機會與形形色色的人交流，不過在市中心，可以看見智利的生活與脈動。」

　　梅納與同時代的人攜手，對聖地牙哥展開實驗性的電音大改造。生於一九八三年的她歷經奧古斯托·皮諾契將軍（General Augusto Pinochet）專制獨裁統治時期，卻始終

難與新歌謠運動（Nueva Canción）產生共鳴。新歌謠是她父母那一代流行的質樸民歌。「我是個叛逆少女，一點也不喜歡那種嚴肅的調調，」她說，「那是給嬉皮聽的。」

　　身為一九九〇年代中期少數擁有網路的幸運兒之一，梅納開始下載英國與德國音樂，經常於午後盯著電腦，花大把時間作曲。她說，當時城裡幾乎沒有外國人，可是短短幾年後，外來移民人數急劇增加，如今有一百五十萬名外籍人士住在智利。這座城市的節奏從而明顯偏離了一九六〇年代和七〇年代早期的代表性配樂，接著新歌謠運動支持者將智利音樂推上世界舞臺的熱潮慢慢消退。

　　不久，梅納便與城裡的小型表演空間合作，跟Congelador、Pánico等另類搖滾樂團，以及 Tiro de Garcia、Makiza 等嘻哈樂團一同搭起主流與實驗音樂之間的橋梁。市區知名的地下俱樂部「金髮女郎」（Blondie）更邀請梅納演出，該俱樂部一直是她最愛的表演場地之一。

　　金髮女郎俱樂部自一九九〇年代起就不斷努力，持續推動同志友善空間。「邊緣人、自覺與世界格格不入的人，都會來這個地方，我也是在這裡才第一次意識到，其實有很多人跟我一樣。」梅納說，「我從小到大都不敢承

認自己是女同性戀，因為我知道坦白會有什麼後果。社會上總是有男同志的空間，但當時公開出櫃的女同志不多。現在每次回來，我都會看到聖地牙哥的進步。」

此外，梅納只要回到城裡，就會去一家名為「奇異」的夜店（Club Bizarre）。她還大力推薦電子音樂節 Recreo Festivals（recreo 在西班牙語中意指娛樂、遊戲時間），這個快閃電音活動能在短暫的時光內替城市裡的廢棄空間注入豐沛的能量。無論你的夜晚從哪裡開始，最後可能都會來到受歡迎的布拉西區（Brasil）或雲蓋區（Yungay），這些大街在十九世紀時佇立著熱鬧的酒吧、夜店與藝文空間。位於雲蓋區奧古斯汀納街（Calle Agustinas）一端的 Matucana 100 文化中心（Centro Cultural Matucana 100）推出戲劇、舞蹈、現場音樂表演與視覺藝術等全方位計畫，吸引不少國內外頂尖人才；街區另一頭則有 Estación Mapocho 和 Palacio Pereira 文化中心，梅納在音樂事業剛起步時，常到這兩個地方表演。

二〇一九年春天後，聖地牙哥就一直不太平靜。群眾發自內心怒吼，掀起一波抗議運動，呼籲大家正視國內嚴重的不平等問題，同時質疑、挑戰智利經濟表現亮眼的外在形象。示威活動爆發後幾天，新歌謠運動世代的頌歌再次響徹街頭，民眾祭出南美洲傳統的「敲鍋打鐵遊行」（cacerolazos），整座城市就這樣在革命的喧囂中團結在一起。梅納說：「這場遊行讓我忍不住熱淚盈眶。這不但是一種非常原始一致的異議表達方式，更是一場流行文化運動。」色彩、音樂、表演、藝術如爆炸般齊放之際，塗鴉藝術家也迅速跳出來，將自身意見噴繪於聖地牙哥市區牆面。馬普丘河（Mapocho River）對岸的貝拉維斯塔（Bellavista）是聖地牙哥另一個適合泡酒吧和聽現場音樂表演的街區，該區有座 Museo del Estallido Social 博物館，展藏了許多示威活動藝術作品及影音紀錄。

「我從小就對社會感到不滿，」梅納說，「這只是壓倒駱駝的最後一根稻草。」雖然聖地牙哥仍是外國遊客前往巴塔哥尼亞冰原（Patagonian）、復活節島（Easter Island）和亞他加馬沙漠（Atacama Desert）的門戶，但音樂與抗爭交織纏結，讓這座城市擁有屬於自己的節奏，一種逐漸適應新時代的節奏。

左圖
—
在音樂成就有所突破、廣受讚譽前，智利
電子流行樂藝術家哈薇拉‧梅納從聖地牙
哥起家，於城裡的地下俱樂部和派對演出。

上圖
—
El Bajo 酒吧於二〇二〇年底起進駐蜜斯特拉藝
文中心（Centro Cultural Gabriela Mistral），
室內設有現場音樂表演舞臺，室外則有種滿植栽
的露臺，能俯瞰中央廣場（Zócalo）。

上圖左
—
聖地牙哥主教座堂（Catedral Metropolitana de
Santiago）精雕細琢的尖塔，是聖地牙哥歷史悠久
的公共空間「武器廣場」（Plaza de Armas）的中
心點。

上圖右
—
夜色降臨，貝拉維斯塔區隨處可見酒吧和餐館，是
熱門的夜生活首選。

「我的根在市中心。每次去到那裡，都能與真實的自我重新連結……
在市中心，可以看見智利的生活與脈動。」

1

El Bajo 酒吧

若想和穿越蜜斯特拉藝文中心的音樂家、演員與舞者擦肩而過，那就去 El Bajo 喝一杯吧！這家酒吧位於繁華的拉斯塔里亞區（Lastarria），就在藝文中心樓下，店內更提供適合多人分享的餐點，方便大家盡情吃喝聊天。

Av Libertador Bernardo O'Higgins 227, Santiago

2

Noa Noa 夜店

小巧的 Noa Noa 讓夜店搖身一變，成了精緻又充滿設計感的空間。地板到天花板全採用單一色調，每個角落都染上迷人的琥珀色燈光；二樓 DJ 臺後方有大片醒目的 LED 螢幕牆，表演陣容囊括智利、南美洲地下電音藝術家和 DJ，打造出獨一無二的娛樂體驗。

Merced 142C, Santiago

3

Cuento Corto 酒吧

Cuento Corto 是一間能淺嚐到皮斯可酒（pisco）的好地方。皮斯可又稱香水白蘭地，由發酵葡萄汁蒸餾而成，是智利和秘魯的國酒。小酌之餘，酒吧所在的優雅老宅邸也值得花點時間細細欣賞。屋內飲酒氣氛靜謐，屋外庭院則定期有樂師伴奏，別具一番情調。

Av República 398, Santiago

4

Chueca 酒吧

這間酒吧背後大概沒有律師和公關指點，因為這是個反文化感十足的地方，也是聖地牙哥第一家公開支持女權主義，由女同志經營的 LGBTQ+ 多元性別友善酒吧。也許光看媚俗裝潢與懸在天花板上作裝飾的鞋子就令人心滿意足，但店內另有純素蔬食菜單可供選擇。

Rancagua 406, Providencia

5

Gracielo 酒吧

一間高踞在聖地牙哥古老莊園屋頂、氣氛友善的雞尾酒酒吧。許多遊客和在地人都會來這裡一邊啜飲皮斯可雞尾酒，享用豐盛的下酒菜，一邊談天說地，眺望聖地牙哥的摩天大樓與遠方的山巒。

Cirujano Guzmán 194, Providencia

在過去數十年的高壓統治下，阿爾巴尼亞長期處於封閉狀態，鮮少有旅人踏足。
如今，這個國家逐漸成為歐洲民眾的度假勝地，一群像佛洛里‧烏卡（Flori Uka）一樣有想法的廚師和
釀酒師遂以在地豐饒的物產與食材，讓世界認識阿爾巴尼亞。

地 拉 那 的 產 地 直 送 運 動

TIRANA'S FARM-TO-TABLE MOVEMENT

美國作家溫德爾‧貝利（Wendell Berry）在一九八九年的〈飲食之樂〉（The Pleasure of Eating）一文中提到：「飲食是一種農業活動。」意思是，我們的飲食方式和食物來源，形塑了土地與環境的樣貌。

阿爾巴尼亞的廚師希望大家能以一種更深刻的方式來體驗飲食，同時落實永續農業的生產方式，讓大地休養生息。該國首都地拉那聚集了不少旅居海外多年，而後返歸家園的料理職人，他們運用經濟實惠的優質食材，設計出道地的阿爾巴尼亞菜單。如果想簡單嚐點小吃，不妨去靠近中央市場區（Pazari I Ri）、由家族經營的餐館「Oda」（意指阿爾巴尼亞傳統中用來招待客人的居室），可試試當地的特色菜，例如鄉村乳酪鑲彩椒、烤羊腸（kukurec）等。Mullixhiu 餐廳主廚布萊達‧科拉（Bledar Kola）則將阿爾巴尼亞美食的樸實本質化為精緻料理，端上牧羊人乳酪、香腸、玉米粥、鵪鶉，以及經過日曬風乾、佐以蘑菇或藍莓的阿爾巴尼亞傳統麵食。

近幾十年來，造訪阿爾巴尼亞的遊客不斷增加，前景看好，吸引了該國許多餐飲界人士返鄉扎根。第二次世界大戰結束至一九九〇年，在恩維爾‧霍查（Enver Hoxha）長達四十年的獨裁統治下，有「山鷹之國」美稱的阿爾巴尼亞幾乎完全禁止非共產國家的遊客入境。時至今日，阿爾巴尼亞依舊是歐洲鮮為人知的瑰寶，但嶙峋壯麗的海岸線、迷人的沙灘和佳餚美饌逐漸攫住旅客的目光。

座落於市郊，距離國際機場僅十五分鐘車程的烏卡農場（Uka Farm）可說是一間致力於永續農業的實驗室。阿爾巴尼亞前農業部長雷傑普‧烏卡（Rexhep Uka）教授於一九九六年打造出這座農場，並以樸門永耕農作（permaculture）為理念，讓各種生物共存共生，創造出一個彷若森林的單一生態系統，使之在沒有人類干預的情況下茁壯繁榮。二十年後，他的兒子佛洛里（Flori）接手。身為年輕廚師與葡萄酒專家的他，秉持「從產地到餐桌」的精神，在農場裡闢建了採行生物動力自然農法（biodynamic）的葡萄園和餐廳，客人可以來到有屋頂的庭院，坐在鋪著格紋桌布的餐桌前，於葡萄園美景環繞下品嚐鮮烤櫛瓜、馬鈴薯、番茄和甜椒等有機料理。「我們的理念是與自然和諧相處，尊重生態，」佛洛里‧烏卡說，「我們只使用在地食材，於探索創意風味組合的同時，向傳統菜致敬。」

菜單上囊括了最棒的阿爾巴尼亞美食：鹹香美味的酥皮菠菜餡餅「byrek」；用甜椒、番茄和鄉村乳酪燉煮的砂鍋菜「fërgesë」；以羊肉、雞蛋與優格製成，類似法國鹹派的「tavë kosi」；還有像可麗餅皮層層堆疊，塗上奶油、鮮奶油，再搭配酸奶油享用的甜點「fli」。此外，餐廳也會依照時令推出南瓜派、炭烤牛肝菌菇和石榴沙拉等不同的季節菜色。烏卡說：「冬天來這裡絕對吃不到和夏季一樣的料理。一切都依循四季更迭，隨大自然流轉。」

除了美食與永續農業外，烏卡也透過其他方式努力推廣、支持阿爾巴尼亞農產品。二○○五年，他著手於農場中栽種在地有機葡萄樹，開始釀造葡萄酒。他先到義大利研究葡萄酒釀造學，後於弗留利－威尼斯朱利亞（Friuli-Venezia Giulia）的幾家酒莊受訓，觀察義大利釀酒師如何運用釀造工藝頌揚當地傳統，並將這個理念帶回阿爾巴尼亞。如今，烏卡農場是世界上唯一一個可以喝到 cëruja 葡萄酒的地方，這是一款用阿爾巴尼亞葡萄釀成的酒，帶有柑橘和蜂蜜香。

「過去很少有國人意識到國產葡萄酒的價值，直到近幾年才有所轉變，」他說，「阿爾巴尼亞沒理由羨慕義大利或法國葡萄酒產業，因為這裡的氣候條件很適合釀酒。雖然還有很長的路要走，但新一代的釀酒師與葡萄酒釀造學家已經開始生產優質的葡萄酒了。」

阿爾巴尼亞各地的酒莊都敞開大門歡迎遊客，提供導覽服務，帶大家認識阿爾巴尼亞本土葡萄品種，品嚐多款在地葡萄酒，而且費用是鄰近義大利的一半。其中 Çobo 酒莊座落在托莫爾山（Mount Tomorr）腳下，靠近如童話般夢幻、被聯合國教科文組織（UNESCO）列為世界遺產的小鎮貝拉特（Berat）；Kantina Arbëri 酒莊位於萊澤（Lezhë）附近，以屢獲殊榮的酒款 Kallmet Riserva 而聞名；Kokomani 酒莊則是在地葡萄品種「Shesh i Zi」的故鄉。

那下一步呢？近年來，烏卡走遍全國拜訪在地釀酒師，搜羅本土葡萄，打造出阿爾巴尼亞獨有的風味。他說：「這款酒名為 Udha，意思是『道路』，家國故鄉的情韻全濃縮在這支酒裡。」也許啜飲一杯 Udha，就是體驗小而多元的阿爾巴尼亞，品嚐其自然、風土及各色滋味的絕佳方式。

「阿爾巴尼亞沒理由羨慕義大利或法國葡萄酒產業。」

左圖
—
在烏卡農場的廚房裡，主廚法比歐・卡維奇（Fabio Cavicchi，見第四十六頁圖）以農場孕育出的農產品來詮釋阿爾巴尼亞的傳統滋味。

上圖
—
佛洛里・烏卡接掌父親的農場與生意，是阿爾巴尼亞最多產的釀酒師之一，目前在該國侍酒師排名中位居第二。

上圖
—
一名餐廳服務生協助農場進行日常收成。
金合歡樹點綴著整座農場，車道兩旁的樹
景尤為美麗。

右圖
—
紅俄羅斯羽衣甘藍在農場溫室中發芽成
長。烏卡和同事常在那裡以自然農法栽
種不同的蔬菜。

上圖
—
烏卡餐廳會因應時令推出不同的季節菜單,但也
有固定菜色,包含豆子燜飯、新鮮山羊乳酪和
「fërgesë」,一種混合番茄醬和甜椒、質地類似
瑞可達的乳酪料理。

右圖
—
烏卡農場是家族事業,由佛洛里的父親雷傑普
於一九九六年創立而成。佛洛里的姑姑芙蕾莎
(Shpresa)同樣每天都到農場工作,圖中的她正
在播植蔬菜種子,迎接新的季節。

阿爾巴尼亞的新鮮在地美味

1

Uka Farm 農場

位於地拉那西北部，庭院裡擺放著一張張鋪有格紋桌布的餐桌，有幸造訪此地的旅人可以坐在懸垂的古老葡萄藤下，盡情享用酥皮菠菜餡餅和自製的番茄甜椒燉乳酪。不過，那些葡萄樹並非單純裝飾而已。烏卡農場在阿爾巴尼亞的頂尖侍酒師領導下，用國產葡萄釀造出六款風味獨具的葡萄酒。

Rruga Adem Jashari, Laknas

2

Mullixhiu 餐廳

Mullixhiu 在阿爾巴尼亞語中意為「磨坊主」，充分反映出這家餐廳的風格調性。曾任職於哥本哈根知名餐廳「諾瑪」（Noma）的主廚布萊達·科拉，利用石磨磨碎穀物和堅果，打造出一份遊走於精緻與質樸之間的美味菜單。

Lasgush Poradeci Blvd, Tirana

3

Oda 餐館

藏身於鄂圖曼時代古建築內的小餐館，過去曾是私人住宅，兩間用來招待客人的阿爾巴尼亞傳統居室中擺放著共享餐桌，牆上懸著手工編織掛毯。這裡可以品嚐到傳統的阿爾巴尼亞美食，像是乳酪鑲彩椒、烤羊腸，以及帶有水果味的桑椹茴香開胃酒（raki）。

Rruga Luigj Gurakuqi, Tirana

4

Met Kodra 餐廳

在地拉那這樣一個走過動盪不安的城市裡，一家餐廳能屹立不搖、飄香半世紀，可說是一項不可思議的成就。Met Kodra 的招牌肉丸串（gofte zgare）證明了簡單的食物只要做到完美，也能牢牢抓住大家的胃。

Sheshi Avni Rustemi, Tirana

5

Sita 小餐車

廣受讚譽的 Mullixhiu 餐廳主廚科拉也在斯坎德培廣場（Skanderbeg Square）後方駐點，透過小餐車將他的美食帶到地拉那街頭（這兩家餐廳甚至用同一個石磨來磨麵粉），以環保免洗餐具盛裝肉丸、番茄甜椒燉乳酪等經典阿爾巴尼亞滋味。

Near Skanderbeg Square, Tirana

6

Gurra e Perrise 餐廳

餐廳座落於達伊提山國家公園（Dajti Mountain National Park），距離地拉那市區以東僅三十分鐘路程，卻不受城市擴張的雜蕪與紛囂侵擾。遊客可以坐在魚兒洄泳的清藍色水池旁，襯著壯麗的公園景致與優雅的岩石拱門，享用簡單美味的料理。

SH47, Tirana

7

Mrizi i Zanave 農莊

位於地拉那以北約九十分鐘車程的費希特村（Fishtë），這座農莊為阿爾巴尼亞的休閒農業旅遊設下了高標準。農場裡的廚房除了採用自家或鄰近地區種植的食材外，還親自磨麵粉製作手工麵包，用心準備阿爾巴尼亞傳統菜餚。

Rruga Lezhe-Vau i Dejes, Fishte

8

中央市場區

地拉那中央農夫市集外圍有許多經濟實惠、食物一流的餐廳，但在地的叫賣小販才是真正的亮點。蔬果、肉類、海鮮、乳酪、蜂蜜……市場裡應有盡有，人人都可以購買，而且品質絕佳，一切都是阿爾巴尼亞當地自產，新鮮直送，連茴香酒也不例外。

Shenasi Dishnica, Tirana

在陽光燦爛的塞內加爾首都，衣著是一種精挑細選過的風格態度。
在地設計師莎拉‧迪烏夫（Sarah Diouf）從高級時裝展示間談到小巷內的裁縫師，
大方分享達卡服飾風尚的整體形貌及其獨特細節。

塞 內 加 爾 的 原 味 時 尚

HOMEGROWN FASHION, SENEGALESE STYLE

　　達卡街頭每天都會奏起由各種聲音揉織而成的交響曲，但真正充滿號召力的呼喊，應該是宛如流動攤販的裁縫師舉起大剪揮鉸空氣所發出的金屬碰撞聲。他們在街巷內信步兜轉，剪刀的聲音就是另類招牌。達卡大約有兩萬名執業裁縫師，可說無處不在，反映出他們於這座城市間的生活樣態。

　　設計師莎拉‧迪烏夫是達卡服裝品牌「Tongoro」背後的推手，她認為，蓬勃發展的裁縫業是一種得天獨厚、量身打造的條件與才能，讓達卡得以在時尚界占有一席之地，成為潮流聖地之一。

　　二〇二一年，迪烏夫及其以「非洲製造」為理念的品牌正式邁入五周年，雖然她的靈感源自塞內加爾，她的設計和野心所蘊含的魅力卻席捲全球。流行天后碧昂絲（Beyoncé）、創作歌手艾莉西亞‧凱斯（Alicia Keys）與英國超模娜歐蜜‧坎貝爾（Naomi Campbell）等人應該會同意這個看法，因為她們都曾身穿 Tongoro 的服裝亮相。「推出這個品牌時，我的想法是突顯在地職人的才華，讓世界看見他們，」迪烏夫說，「我們不斷聘僱裁縫師與匠人，希望能持續精進縫紉工藝，擴大品牌規模。」

　　迪烏夫眼中的達卡時尚設計圈色彩紛呈，洋溢著滿滿的活力與喜悅。「我們的衣著總是讓我想起音樂和舞蹈，」她說，「大家都把快樂穿在身上。每次在街頭看到婦女穿戴鮮豔明亮的色彩……我便想，也許我可以透過自己的設計來詮釋這個趨勢。其實這更像是一種感受，不僅反映出自我，也與個人的身分認同緊密相繫。」

　　達卡的流行風尚或可分為兩種路線，一是結合馬利的傳統泥染印花（bògòlanfini）與當代布料，例如在地服裝品牌 Nio Far、Kakinbow 等就很擅長這種設計；二是將宗教儀式上常穿的飄逸傳統長袍（boubou）加以剪裁，改造成時髦別緻的無袖女性洋裝，Adama Paris 品牌設計師、達卡時裝週創辦人阿達瑪‧恩迪亞耶（Adama Ndiaye）則讓這個風格臻至完美。

　　達卡位於非洲大陸最西端，撒哈拉沙漠的燠燥沙塵與稀樹草原的翠綠灌木形成一種衝突的美感，在這樣一座城市裡，融合不同元素成了居民日常穿搭的特色。「雖然達卡逐步現代化，但傳統依舊在日常生活中扮演重要角色。」迪烏夫說，「重點是人。塞內加爾的文化精神在於分享，就算不買東西，還是會有與人互動的經驗。這就是

我眼中的達卡——一切都以人與人之間的關係為本。」

從花費五千五百非洲法郎（約十美元）設計一件襯衫，到量身訂製價高十倍以上的傳統長袍，無論是何種場合、預算多少，想選購什麼樣的布料和配件，達卡市集都能滿足你的需求。「那是生命力的所在，」迪烏夫說，「我喜歡逛市場逛到迷路。我的設計創意就是從這裡萌芽。」她最愛的口袋名單包含科洛班市場（Colobane），那裡可以找到各式各樣的二手古著和配件；另外，HLM 市場也是她大力推薦、尋覓布料與珠寶首飾的好地方，「塞內加爾各色夢幻珠寶和當前流行的最新織品一應俱全。」蠟染布每公尺只要一千五百非洲法郎（約二‧五美元），而同樣長度、品質高級的拋光純棉布料（bazin）可飆到一萬一千非洲法郎（約二十美元）。記住，一定要殺價，但過程中別忘了保持幽默感。不少達卡小販會以玩笑的方式來調侃顧客，但聽在不習慣當地風俗和語言文化的人耳裡，可能會以為他們是認真的。

塞內加爾的風格紛繁燦爛，令人看得目不暇給，自達卡崛起的時尚設計師和造型師也越來越多。同獲碧昂絲青睞的塞內加爾設計師賽莉‧赫比‧凱恩（Selly Raby Kane）位於席卡自由鎮（Sicap-Liberté）一帶的展示間，以及座落在索貝迪翁魚市場（Soumbedioune fish market）對面的品牌 Adama Paris，都是值得造訪的服裝店。

迪烏夫提到，達卡的設計師人數日漸增長，風格類型越趨多樣，在她看來，這是一個提升當地時尚生態圈的機會。「我認為我們必須認真構思，以傳統匠人工藝為骨幹的創造方式。只要妥善發揮，就能發展出饒富興味又生氣盎然的產業環境，同時保有最初那種獨特又與眾不同的本質。」隨著世人的目光逐漸轉向達卡，這座都市有機會進一步昇華。畢竟，有「全球最酷城市」之稱的它，唯一要超越的只有它自己

「我們的衣著總是讓我想起音樂和舞蹈。」

左圖
—
迪烏夫在她自創的時裝品牌 Tongoro 的工
作室。該品牌選用產自非洲各地的布料和
素材，並聘請達卡當地的裁縫師，一針一
線成就作品。

上圖
—
迪烏夫形容達卡的衣著品味「充滿活力」
與「快樂」。圖中的服裝融合了西非傳統
印花與現代剪裁，由當地居民瑪赫姆・迪
奧（Maréme Diaw）演繹。

上圖右
—
一名穿著柏柏鞋（babouche）的卡蘭姆琴手
（xalam）。這種以皮革鑲邊的尖頭拖鞋成了沃
洛夫語（Wolof）中「傳統」（thiossane）的代名
詞。恩加耶梅赫鎮（Ngaye Mékhé）過去是塞內
加爾製鞋業的中心。

右圖
—
迪烏夫站在名為《世世代代》（*De génération en
génération*）的油畫前。該作出自阿利歐・迪烏
夫（Alioune Diouf）之手，現展於達卡的十字路
畫廊（Selebe Yoon）。

1

Marché HLM

若你曾夢想根據自我需求量身訂做整套服裝、包包、鞋子甚至是珠寶首飾，那 HLM 市場裡的布料商和裁縫師絕對能回應你的期盼。其他像是荷蘭蠟染布、絲綢、蕾絲和細膩繁複的刺繡織品，這裡也都找得到。

Marché HLM, Dakar

2

Selly Raby Kane

達卡精神深深扎根在時尚設計師 Kane 心底。這座城市的過去、現在與充滿無限可能的未來，全都成了她的作品靈感。除了設計非洲未來主義風格服裝外，她還在二〇一一年帶領街頭遊行穿越達卡舊城區，而後又創作出一部描述火車站遭外星人入侵的迷幻電影。

Rue SC 103, Dakar

3

Tongoro

Tongoro 的作品以豐富繁麗、彷彿自身上滾滾湧出的印花為特色，不僅引人注目，更攫住了流行天后碧昂絲、創作歌手伯納男孩（Burna Boy）及國際媒體的目光。該品牌堅持選用來自非洲的布料，並與達卡的裁縫師合作，這種商業模式讓它成了當地最具創新精神的公司之一。

Sicap Foire, Dakar

4

Aïssa Dione

Dione 賦予了塞內加爾傳統紡織品另一種新風貌，從織布機設計到供應鏈管理皆不同往昔。她的細膩布藝不僅銷售給愛馬仕（Hermès）、芬迪（Fendi）等世界頂級奢侈品牌，更帶來了意想不到的機會，譬如與日本百年和服製造商奧順株式會社（Okujun）的合作就是最好的例子。

Rue 23, Medina, Blvd Martin Luther King, Dakar

5

Sophie Zinga

許多塞內加爾設計師都以熱情奔放為基調，Zinga 的設計則獨樹一格，散發出優雅、節制的氣息。她推出的系列服裝皆於塞內加爾製造，時尚中帶著一絲性感，從十三世紀的阿比西尼亞帝國到玫瑰的觸感和形狀，都是她的靈感來源。

7 Nord Foire, Dakar

6

Adama Paris

父母皆為外交官 Adama Ndiaye 曾涉足金融界，後來才轉換跑道，進入時尚產業。雖然她的風格兼容並蓄，但跨領域背景讓她不由自主聚焦於內心的想像，熱情、魅惑，以刺繡錦緞為料的時裝作品就此誕生。

Route de la Corniche O, Dakar

7

Bantu Wax

Yodit Eklund 有天起床後，毅然解除與紐約人氣潮牌 Opening Ceremony 和高級精品百貨巴尼斯（Barneys）的合約，理由是她的泳裝和衝浪配備是為了那些在達卡海岸逐浪的人而設計，不是紐約時尚圈。因此她決定改造貨櫃，在海邊開設屬於自己的旗艦店。

Corniche des Almadies, Dakar

阿曼首都的濱海大道依傍著峭壁，與嶙峋起伏的山脈和寧靜的海岸交織在一起。
攝影師伊曼·阿里（Eman Ali）建議大家，不妨悠閒地在馬斯開特海濱市集和清真寺宣禮塔間散步，
細細欣賞阿曼這位溫柔的阿拉伯巨人所積攢的文化遺產。

馬 斯 開 特 海 濱 閒 步

A PROMENADE ALONG MUSCAT'S SEAFRONT

馬斯開特的濱海大道形狀微彎，像逗號一樣環抱整座城市。東部的馬托拉（Muttrah）勾勒出一片依山傍海、如微笑般的新月形狹長地帶，生活的各種面貌在此一覽無遺。這座溫柔的大城位於非洲之角（Horn of Africa）、印度與中國間的貿易路線上，優越的地理位置與石油資源深切影響當地的發展軌跡。

濱海大道建於一九七〇年代，橫亙於馬托拉的舊商業區與魯維（Ruwi）的新商業區之間。一九六四年發現石油後，阿曼的經濟蓬勃發展，躋身富國之列，舊商業區中低矮的粉牆建築已不足以支撐滾滾而來的貿易利益與繁榮景氣。

如今，這片海岸成為單桅阿拉伯帆船的港口，坐擁阿曼皇家遊艇中隊（Oman Royal Yacht Squadron）、馬托拉傳統市集（Muttrah Souq）、致敬阿曼乳香貿易的巨型雕刻藝術，以及新、舊魚市場等多個觀光景點。不出所料，當地大多數居民最喜歡的就是沿著濱海大道散步。

白天陽光熾熱，因此日出與日落時分是濱海大道最熱鬧的時候。清晨破曉，漁民會將新鮮漁獲從港埠運至魚市。顧客熙來攘往，魚販隔著貨攤聊天交談，鱗片帶有黃綠寶石色調的鱷魚仍沾潤著海水，在攤位上閃閃發光。位於蘇丹卡布斯港（Port Sultan Qaboos）的舊魚市場建於一九六〇年代，二〇一七年，由國際知名建築事務所 Snøhetta 操刀設計的新魚市場落成，與舊市場緊密相鄰，替傳統港區注入了一股生命力，很快就成為馬托拉的城市地標。百葉窗式的屋頂遮陽棚是該建築的一大特色，讓人聯想到精細複雜的魚骨，市場公共空間和餐廳更拉近了遊客與在地人之間的距離。

阿曼攝影師伊曼·阿里喜歡以海岸線這一端為起點，在城裡信步漫遊。「沿途會看見很多美麗的事物，」她說，「我喜歡從魚市場開始，走過瓦提亞牆區（Sur Al Lawatia），那一帶有不少十九世紀的商行。」瓦提亞大概是阿曼僅存唯一一個仍有人居住的歷史街區。古老的住宅區裡塔樓林立，牆門遍布，有將近三百棟由石灰岩、貝殼和棕櫚葉建造而成的房屋，木製陽臺向外突出，懸在狹窄的街道上方，堪稱馬托拉最豐華的建築藝術勝地。數十年來，牆門完全對外關閉，只有住在那裡的拉瓦提部落族人及其訪客得以進出，且目前仍舊不開放遊客參觀，為的是尊重居民隱私。遊廊博物館（Bait Al Baranda）就藏身在附近的古蹟建築裡，呈現以阿曼歷史為題的互動式展覽。

濱海大道上可以看見來自各方、擁有不同背景的人，或是悠閒散步，或是坐在長椅上放鬆。「我認為馬托拉反映出阿曼人寬容大度的性格。」住在當地的建築師阿里·賈法·拉瓦提（Ali Jaffar Al-Lawati）說。「歷史上，阿曼沿海與內陸地區衝突不斷，戰爭頻繁，但只要將目光轉向港都馬托拉和小海灣，就會看到不同的文化是如何在這裡落地生根。」

凜冬時節，海鷗會成群結隊地在岸邊徘徊，居民也會大方餵食，讓牠們得以飽餐。阿里說：「那個畫面襯著海港景致，真的很美。」你會發現，無論從魚市場走了多久多遠，魚的意象始終圍繞在身邊，其中薩馬卡圓環（Samaka Roundabout）便展現出漁業對當地根深蒂固的影響和重要性。該圓環是濱海大道的起點，上頭佇立著兩條魚躍出噴泉的大型雕像（samaka 在阿拉伯語中意為魚），步道旁不時可見以魚為主題的雕塑藝術，供行人休憩的長椅錯落其間。

馬托拉傳統市集大概是城裡最受遊客歡迎的觀光景點。這座市集已有兩百年歷史，許多人都會來這裡購買古董、服飾、乳香等商品。由於裡面沒有自然光，迷宮般的窄巷和擁擠的攤位都籠罩在陰影裡，因此又稱為「黑暗市集」（Al-Dhalam Souq）。

濱海大道盡頭是一座里亞姆公園（Al Riyam Park），這裡有一座非常巨大、極富紀念意義的阿拉伯傳統香爐（mabkhara）雕刻藝術，象徵阿曼悠久的乳香出口歷史。紀念雕塑座落在山崗頂，沿途點綴著鬱鬱蔥蔥的花園、遊樂場和野餐區。山頂可以俯瞰整座城市，迷人的風景盡收眼底，為海濱漫步畫下完美句點。

左圖
—
馬托拉濱海大道旁有許多優雅的阿曼傳統
建築。阿曼皇家法令明文禁止高層建物，
以打造讓國民也為之自豪的市容景觀。

上圖
—
視覺藝術家伊曼‧阿里在阿曼時，喜歡沿著
馬托拉濱海大道漫步。她在馬斯開特、倫敦
與巴林皆有駐點，經常往來於三地之間。

上圖右
—
里亞姆香爐矗立於濱海大道東端山頂，最初是為了
紀念阿曼建國二十周年而立，周圍環繞著蒼鬱的花
園和野餐區，是馬斯開特最具代表性的建築之一。

右圖
—
里亞姆清真寺（Masjid Riyam）是濱海大道上眾多
清真寺之一。壯麗的蘇丹卡布斯大清真寺（Sultan
Qaboos Grand Mosque）座落在較偏遠的內陸
地區，是阿曼的國家清真寺，除了禮拜五外，每天
上午八點到十一點都歡迎非穆斯林遊客參觀。

阿曼的民族遺產亮點

1

馬托拉魚市場
（Muttrah Fish Market）

挪威建築事務所 Snøhetta 設計的馬托拉魚市場位於阿曼最繁忙的港埠，是在地人聚會、碰面的場所，儼然成為馬斯開特的建築新地標。屋頂露臺、餐廳和增建的果菜市場鼓勵居民與遊客踏進這棟建築，與當地漁民共享空間。

Samakh, Muttrah

2

馬托拉傳統市集
（Muttrah Souq）

身為遊客，應尊重當地居民的隱私，像市集周邊就有幾個地方要多加留意，例如入口處的傳統咖啡館，當地許多長者常在此聚會，以及歷史悠久的拉瓦提牆區（該區大門深鎖是有原因的）。繞著迷宮般錯綜複雜的窄巷逛到迷路，就是馬托拉傳統市集的樂趣所在。這裡販售的商品琳瑯滿目，從古董、鋁製餐具、香料、涼鞋，到新奇的清真寺造型鬧鐘一應俱全。大部分攤販都接受刷卡，但付現可能會有比較多折扣。

Muttrah Corniche, Muttrah

3

蘇丹卡布斯大清真寺
（Sultan Qaboos Grand Mosque）

阿曼的主清真寺，是國內最重要的禮拜場所，宏偉壯麗的建築更是現代伊斯蘭建築風格的典範。該寺由已故蘇丹卡布斯（Qaboos bin Said）委託建造，以紀念其統治阿曼三十年。寺內鋪設的地毯是世界上第二大的手織伊朗地毯，共有十七億個結，由六百位女性耗費四年的時間編織而成。除了禮拜五外，大清真寺每天都開放遊客參觀；入內須穿著符合規定的服裝，租借長袍則需押身分證明文件。

Sultan Quaboos St, Al Ghubrah, Muscat

4

皇家歌劇院
（Royal Opera House）

馬斯開特皇家歌劇院於二〇一一年揭幕，是該市的藝文重鎮，美麗的當代建築完美融合了馬斯開特的歷史風情，向阿曼傳統宮殿致敬。這是海灣阿拉伯國家建造的第一座歌劇院，大提琴名家馬友友、倫敦愛樂樂團和美國芭蕾舞團（American Ballet Theatre）都曾在此演出。

Al Kharjiyah St, Muscat

5

馬托拉堡
（Muttrah Fort）

一五八〇年代葡萄牙占領馬斯開特期間所建，長久以來純粹作為軍事用途，近幾年才開放遊客參觀，因此裡面沒什麼東西可看。但這裡畢竟是擁有數百年歷史的觀測塔，爬上塔頂，自然可以欣賞到絕美的城市與海岸景致。

Muttrah, Muscat

孟買南區蜿蜒的街道間，有一個匯聚眾多藝廊、恬然靜謐的藝術據點，
讓人得以暫時從城市的躁亂中解脫，稍作喘息。藝廊經營者莫蒂默．查德吉（Motimer Chatterjee）和
塔拉．拉爾（Tara Lal）認為，這裡，是深刻了解印度前衛文化的好地方。

孟 買 藝 術 散 策

THE MUMBAI ART WALK

瘋狂紛雜的建築，活躍亢奮的能量，不斷變化的城市風貌——完全符合孟買典型都會的描述，然而，這座城市還擁有許多歷久不衰、永恆悠長的特色，像是如波浪起伏的海洋大道（Marine Drive），以及雜揉哥德式與裝飾藝術等流派、風格奇特的建築遺產。此外，孟買也與藝術緊密相連，南部的要塞區（Fort）、科拉巴（Colaba）和卡拉戈達（Kala Ghoda）是許多寧謐的當代藝廊薈萃之地，形構出一個氛圍恬靜的文化三角洲。

其中最重要的當屬藝廊 Chatterjee & Lal。這家藝廊座落在一條通往海濱的蜿蜒街道上，由兩間一八五〇年代英國殖民統治時期的倉庫改造而成，極具代表性的城市地標印度門（Gateway of India）就在另一邊。「這座城市的藝術史可追溯到二十世紀初，孟買藝術協會（Bombay Art Society）與藝術家特區（Artists' Centre）就在當時萌芽。」莫蒂默．查德吉說。他與塔拉．拉爾共同創立了這家藝廊。

查德吉與拉爾於二〇〇一年在鮑林藝術拍賣公司（Bowrings）工作時結識，二〇〇三年，他們決定攜手自立門戶。「我們倆和這座城市都沒有特殊的連結，但我們相信孟買是很棒的視覺藝術搖籃。」查德吉回憶。身為城市

文化前哨站的科拉巴不僅擁有引人注目的裝飾藝術建築，幾家重要畫廊也在此落腳，作為發展藝術領域的市場，似乎是個理想的據點。他說：「泰姬藝廊（Taj Art Gallery）與賈罕吉美術館（Jehangir Art Gallery）於一九五〇年代成立，一九六三年又多了契沐畫廊（Gallery Chemould，現改名為 Chemould Prescott Road）和龐鐸藝術拍賣（Pundole's），鞏固了科拉巴的藝術中心地位。」著名的國家現代美術館（National Gallery of Modern Art）和希瓦吉國王博物館（Chhatrapati Shivaji Maharaj Vastu Sangrahalaya Museum）同樣落址於此。

他們開設藝廊的初衷，是想提供裝置藝術、影像藝術和表演藝術創作者一個平臺，將當代作品放到更大的歷史脈絡下細探。「我們想重新發掘二十世紀中葉的藝術，再來認識所謂的當代藝術。我們對當代與歷史素材的結合很感興趣。」查德吉解釋。近期他們所籌劃的展覽《Simple Tales》便反映出這兩大重點，以說故事為題，探討印度史上各時期的藝術家在神話中扮演的角色。

藝廊 Chatterjee & Lal 成立之際，恰逢孟買藝術圈大震盪。查德吉說：「一九九〇年代末，畫廊比較少，當時還不

流行一名藝術家由單一畫廊獨家代理的概念。」邁入二十一世紀後，變化隨之而來，私人收藏家越來越多，連帶推動藝術市場發展，國際間對南亞藝術的興趣漸增，促使印度藝術界展開行動，畫廊與畫廊之間形成了一個比以往更有組織的合作結構。拉爾表示：「過去十年來，城裡的藝廊凝聚在一起，以相同的立場發聲，而非各執一詞。」

然而，團結不代表去異求同。各家畫廊依舊透過多元的藝術計畫保留其獨有的特質。藝廊 Galerie Mirchandani + Steinruecke 與年輕藝術家合作，讓他們透過油彩、宣紙等創作媒介表達自我；藏身於百年印刷廠裡的藝廊 Project 88 則著眼於視覺藝術領域，搜羅圖像小說藝術與時尚攝影等作品。查德吉很欣賞這種多樣性，「由於展品種類繁多，參觀六家畫廊，會得到六種截然不同的藝術體驗。」他說。

孟買的藝術光譜很廣，但像「週四藝術之夜」（Art Night Thursday）這樣有組織的活動能帶領藝術愛好者一口氣橫跨各領域。「每月第二個禮拜四是科拉巴的藝術之夜，畫廊會開到晚上九點半。」查德吉說，「我們會利用這段時間辦預展，愈多次愈好。」另外，每年一月也是藝術區最熱鬧的時候，屆時會舉辦規模擴及全市的「孟買藝廊週」（Mumbai Gallery Weekend，MGW），各家畫廊皆紛紛祭出盛大展覽和派對，提供導覽服務。為了方便遊客觀展，主辦單位會在官網上公布展覽時間表和藝術地圖，少數幾個距離較遠、位於內陸地區的藝文空間也名列其中，包含拜庫拉（Byculla）的孟買城市博物館（Dr. Bhau Daji Lad Mumbai City Museum），該館於一八七二年落成，是城裡最古老的博物館。

孟買如此友善熱情又與眾不同的原因有很多，溫柔地推引人們走進藝術空間只是其中之一。「這裡的藝術圈就像有機體，充滿生命力。」查德吉表示，「在孟買的小巷弄間穿梭，突然看到一家看起來像複合式商店的畫廊，感覺就像發現新大陸一樣，讓體驗變得更豐富。」

藝術區與旅遊熱點重疊是這座城市的一大優勢。拉爾說：「你可以購物、觀光、吃一頓美味的海鮮大餐，然後參觀藝廊。」

左圖
—
莫蒂默·查德吉和塔拉·拉爾夫妻檔共同創立了藝廊 Chatterjee & Lal。這家當代藝廊離孟買知名的印度門紀念碑不遠,走路即可抵達。

上圖
—
孟買擁有全球規模第二大的裝飾藝術建築群,僅次於邁阿密。這些建築多位於城市南端,海洋大道與橢圓廣場公園(Oval Maidan)周邊都可見它們的身影。

上圖左

—

查德吉和拉爾經常將當代與帶有歷史色彩
的藝術作品並陳，近期舉辦的展覽即為
一例。來自阿魯納恰爾邦（Arunachal
Pradesh）和喜馬恰爾邦（Himachal
Pradesh）的木雕面具就放置在現代影像
創作旁邊。

左圖
—
藝廊 Chatterjee & Lal 以發掘印度新銳
藝術家而聞名,更率先網羅表演藝術家尼
庫·卓普拉(Nikhil Chopra)的作品。他
的創作後來進駐世界各地,在紐約大都會
藝術博物館等處展出。

上圖
—
契沐畫廊的樓梯間掛滿復古的展覽海報。
泰伯·梅塔(Tyeb Mehta)、布班·卡卡
爾(Bhupen Khakhar)和安茹·多迪亞
(Anju Dodiya)等印度頂尖藝術家在職
涯早期都曾受契沐支持。

1

Chatterjee & Lal 藝廊

二〇〇三年，Chatterjee & Lal 藝廊在科拉巴的倉庫裡誕生，寫下孟買當代藝術圈重要的一頁。如今，藝廊內展出不同領域的作品，從流行文化到表演藝術都有，例如藝術家馬克·普萊（Mark Prime）就曾於藝廊內創造、復刻了一家工廠。

1st Floor, Kamal Mansion, 01/18 Arthur Bunder Rd, Colaba, Mumbai

2

Project 88 藝廊

對席蕊·班納吉·戈斯瓦米 Sree Banerjee Goswami）而言，藝術是家庭事務。一九八八年，她的母親蘇琵亞（Supriya Banerjee）在加爾各答創立了 Gallery 88，她的 Project 88 則藏身於科拉巴一家擁有百年歷史的老印刷廠，二〇〇六年開幕後便在孟買掀起一波藝術浪潮，並與倫敦弗列茲藝術博覽會（Frieze London）、巴塞爾藝術展（Art Basel）等國際大展合作。

Ground Floor, BMP Building, Narayan A Sawant Rd, Colaba, Mumbai

3

賈維里當代藝廊 （Jhaveri Contemporary）

在藝廊的混凝土白牆襯托下，藝術似乎煥發出無限生機。經營畫廊的阿米塔（Amrita Jhaveri）與一對普麗婭（Priya Jhaveri）姐妹著有一本以印度藝術為題的書，介紹印度現代與當代藝術家。

3rd Floor, Devidas Mansionm 4 Mereweather Rd, Colaba, Mumbai

4

Chemould Prescott Road 畫廊

希倫·甘地（Shireen Gandhy）於一九六三年在自家裱框店創立了契沐畫廊，是印度最早的現代藝術空間之一。走過逾半世紀，這家畫廊如今搬遷至歷史悠久的孟買街區，持續代理許多優秀的國內外藝術家，展出令人驚豔的作品。

3rd Floor, Queens Mansion, G. Talwatkar Marg, Fort, Mumbai

5

Galerie Mirchandani + Steinruecke 藝廊

烏莎·米查達尼（Usha Mirchandani）先前在紐約廣告公司摸索人生方向，朗耶娜·史坦魯克（Ranjana Steinruecke）則在柏林經營以印度藝術家為主的畫廊。兩人攜手將國際觀帶入孟買視野，希望能培養出獨具個人風格的印度政治藝術新銳。

1st Floor, Sunny House, 16/18 Mereweather Rd, Colaba, Mumbai

6

Volte 藝廊

這家藝廊可能跟你想的不太一樣。除了畫廊本身之外，也設有咖啡館、書店和電影俱樂部，既能欣賞藝術作品，也能單純消磨時光。

2nd Floor, 202 Sumer Kendra Building, Pandurang Buhadkar Marg, Worli, Mumbai

7

馬斯卡拉藝術空間 （Gallery Maskara）

這個位於科拉巴的小天地裡沒有現代或當代藝術，只有放眼全球的前衛創作，也就是「當下的藝術」。建築師拉胡·梅洛特拉（Rahul Mehrotra）將棉花倉庫改造成現在的展覽空間，並保留其原始特色。

6/7 3rd Pasta Ln, Colaba, Mumbai

如果你是那種旅行時非讀好書不可的人，那有「魅力城市」之稱的巴爾的摩絕對是挖寶的好去處。
跟著當地作家瓦金斯（D. Watkins）的腳步，一起走進街區的古怪書店，
探索帶有激進主義精神的閱讀群，展開一趟文學傳奇之旅。

巴 爾 的 摩 的 書 香 氣 息

THE BOOKISH SIDE OF BALTIMORE

巴爾的摩象徵著表現與重生，魅力城市的喧囂與美麗激發出無限創意，在此幻化成真。這座位於梅森－迪克森線（Mason-Dixon Line）下的城鎮帶有濃濃的東岸風情，多幢相連的排屋與新古典主義建築並存，廢棄的建物距離坐擁大理石宅邸的羅蘭公園（Roland Park）只有幾步之遙。

妮娜・西蒙（Nina Simone）多年前發表了一首關於巴爾的摩的民歌，歌詞發人深省：「在一個日子艱苦的海濱城鎮／無處可逃／萬事萬物皆有價。」不過，有樣東西在巴爾的摩既免費又療癒人心，且長久以來皆然，那就是「講故事」。

「巴爾的摩：一座會閱讀的城市」這個口號曾一度印在城裡每張木頭長椅上，然而，巴爾的摩深厚的文學底蘊實則鐫刻在時光裡，成為源遠流長的歷史印記。遊客可以參觀葛楚・史坦（Gertrude Stein）、史考特・費茲傑羅（F. Scott Fitzgerald）和埃德加・愛倫坡（Edgar Allan Poe）的家；普利茲獎得主、小說家安・泰勒（Anne Tyler）以巴爾的摩為背景，創作出十一部的小說；塔納哈希・科茨（Ta-Nehisi Coates）在此出生，他的父親威廉・保羅・科茨（William Paul Coates）的「黑人經典出版社」（Black Classic Press）至今仍在營運，專門出版非裔作家的著作。

對一個非裔人口占百分之六十三的城市來說，黑人作家的作品格外重要。時至今日，巴爾的摩依舊可見奴隸制與種族歧視留下的痕跡。馬里蘭藝術學院附近安靜的波頓山街區（Bolton Hill），有一條用來紀念喬治・麥克梅肯（George W.F. McMechen）的麥克梅肯街。麥克梅肯是耶魯大學畢業的黑人律師，一九一〇年，他搬到富裕的高級社區，進而導致政府制定種族相關條例，將黑人與白人住宅區隔離開來。二〇一五年，二十五歲的佛雷迪・格雷（Freddie Gray）被巴爾的摩警方拘留，於押送期間死亡，引發一連串騷亂與抗議活動，躍上全國新聞版面。

近幾年爆發的黑人文藝復興運動，其實早在數十年前就於巴爾的摩萌芽。這座城市一直以來亟欲訴說自己的故事，讓外界看見在地出版與流傳的作品。嗜讀書店（Greedy Reads）、原子書店（Atomic Books）和掌中鳥（Bird in Hand）等深受人們喜愛的書屋架上都有在地黑人作家的著作，例如戴文・艾倫（Devin Allen）、康瓦尼・費德（Kondwani Fidel）、魏斯・摩爾（Wes Moore）和 D. 瓦金斯（D. Watkins）等都在這裡筆耕、工作與生活，其中瓦金斯

既是土生土長的巴爾的摩之子，也是當地崛起的作家新星。

瓦金斯是作家、記者、大學教授，也是丈夫和父親。他以一種黑人與白人讀者都喜愛、真誠且具批判性的筆鋒來探討身分認同與種族議題。巴爾的摩悠久的說故事傳統，讓瓦金斯踏上了寫作之路。「我從小到大都很愛聽人講故事。我會聽我祖母和姑姑大聊戴爾夜總會（Odell's Nightclub）的事，像是誰去了那裡，誰收了錢，誰又說謊等等。」他談起當地一家由黑人經營，現已歇業的知名夜總會，那是一個充滿傳奇色彩、別具意義的神聖空間，過去幾年更搖身一變，成為藝文展覽主題。「我家的人常講那些發生在街頭的一切。」瓦金斯說。

這些口述歷史承載著非洲說書人的詩意傳統，延續了巴爾的摩世代流傳的軼事。但瓦金斯從沒想過自己有一天會成為專職的作家。他說：「即便擁有那樣的文化背景，我還是覺得比我會講故事的人很多。我很幸運能藉由自己的力量，讓部分傳統得以存續。」他也認為，「巴爾的摩是個與眾不同的地方，當地社群喜歡以辛辣帶勁的方式來傳遞故事。」

多人合作經營、帶有激進主義精神的紅艾瑪書店（Red Emma's）是瓦金斯在巴爾的摩最喜歡的實體書店。店內設計成複合式藝文空間，除了賣書外也提供蔬食餐點，不時還會舉辦活動，長期以來都是當地作家與藝術家的創意基地。

《野獸的一面》（*The Beast Side*，暫譯）是瓦金斯在巴爾的摩大學校園、車上和紅艾瑪書店內書寫而成。「我寫的第一本書很小眾，根本沒人注意，是在紅艾瑪的幫助下才得以問世，因為他們在我身上看到了我自己都沒察覺到的特質。」

最近，瓦金斯接到柏克萊大學的邀約，想請他到駐舊金山辦事處開設文學沙龍，紐約也有多個工作邀請。但是他說，他在巴爾的摩出生長大，留在這裡工作對他而言至關重要。

「我和我太太的家人都在這裡。我在這座城市待了一輩子，至今還是有些地方沒摸透，因為我已經太習慣當前的生活。」他說，「我是個百分之百的在地人。我愛巴爾的摩。」

左圖
—
巴爾的摩除了豐富的文學資產外,還有許多藝文景點。喬瑟夫·梅耶霍夫音樂廳(Joseph Meyerhoff Symphony Hall)就座落在紅艾瑪書店對面。

上圖
—
瓦金斯在位於貝佛德中城區(Mid-Town Belvedere)的紅艾瑪書店外,這是他最喜歡的書店。他所撰寫的兩本回憶錄描述自己在巴爾的摩的生活,讓他一躍成為《紐約時報》暢銷作家。

上圖
—
漢普登區（Hampden）的第三十六街周邊有許多
書店。這一區色彩繽紛，帶點媚俗的味道，鬼才
導演約翰·華特斯（John Waters）曾多次在此取
景拍攝。原子書店位於第三十六街與佛斯路（Falls
Road）交叉口（見第八十二頁圖），店內還附設
酒吧。

右圖
—
巴爾的摩是史考特·費茲傑羅、葛楚·史坦和愛倫
坡等文學巨擘的故鄉。北艾米提街（North Amity
Street）的愛倫坡故居現在變成一座博物館，美國
職業美式足球隊「巴爾的摩烏鴉隊」就是以他的詩
作〈烏鴉〉（The Raven）命名。

EDGAR ALLAN POE SQUARE

CLOSED

Edgar Allan Poe
House

1

原子書店（Atomic Books）

若你有話想告訴巴爾的摩之光——邪典名導約翰·華特斯，那就一定要去漢普登的原子書店，他會來這裡拿粉絲信。別忘了選本書、漫畫或雜誌，在店內附設的酒吧坐下來，品嚐當地釀造的接骨木花蜜酒。

3620 Falls Rd, Baltimore

2

The Book Thing of Baltimore 書店

這是一家概念新穎的非營利書店，所有書都不用錢，替沒人要的書找到知音是他們的使命。店內的書不僅完全免費，而且想拿多少就拿多少。讀完後繼續傳給下一個人吧。

3001 Vineyard Ln, Baltimore

3

凱姆史考特書店（The Kelmscott Bookshop）

位於有「書街」之稱的西二十五街，隱身在歷史悠久的排屋裡，是巴爾的摩最大的二手古董書店。上千部保存完好的古書善本、地圖與手工藝品，皆由兩隻店貓皮耶（Pierre）與厄普頓·辛克萊（Upton Sinclair）掌管。

34 W 25th St, Baltimore

4

魅力城市書店（Charm City Books）

位於巴爾的摩「豬城」區（Pigtown），不僅有專為兒童設計的故事時間、音樂課程，還會舉辦各式各樣的讀書會和工作坊（例如插花和表演大師班），一次滿足所有需求，是與人交流的好所在。

782 Washington Blvd, Baltimore

5

嗜讀書店（Greedy Reads）

書店位在濱水的菲爾角（Fell's Point），踞於經典的磚砌建築一隅。店內空間雖小，卻是弱勢與非主流群體發聲的場域。只要告訴店員你最喜歡的三本書、當前的心情如何，他們就會依據你的喜好替你挑書，放進客製手提袋裡讓你帶回家。

1744 Aliceanna St, Baltimore

6

常春藤書屋（The Ivy Bookshop）

如果你喜歡古典雅緻的書店，常春藤書屋絕對不會讓你失望。不過，店內選品並不會因而有所侷限，甚至還蒐羅了其他地方很難找到的書。最棒的是，書屋座落在郊區一片約〇·四公頃的林地上，買書之餘，還可以順道探索周圍的冥想步道、草坪與袖珍花園。

5928 Falls Rd, Baltimore

7

紅艾瑪書店（Red Emma's）

店名取自知名無政府主義者艾瑪·高德曼（Emma Goldman），至於紅色代表……嗯，應該不用說也知道。自二〇〇四年開業以來，紅艾瑪就一直由員工合作經營，利潤由大家平分。除了政治理念外，店內還有多元前衛的選書和一流的蔬食料理可品嚐。

1225 Cathedral St, Baltimore

8

鄰家書店（The Bookstore Next Door）

位於隔壁的姐妹店「夏綠蒂艾略特」（Charlotte Elliott）專賣中國與日本的古著、家具和古董瓷器。但隨著時光推移越陳越香的東西不只這些。一本爬滿歲月痕跡的古書所懷藏的故事，比書頁間的情節更加精采。無論是初版書、珍本書還是二手平裝書，這裡統統都有。

837 W 36th St, Baltimore

塔斯馬尼亞（Tasmania）有一座奇妙瑰異的古今藝術博物館（Museum of Old and New Art，簡稱 MONA），連那些不太去博物館的人都深受吸引。在當地經營餐廳、對設計滿懷熱忱的碧昂卡‧魏爾許（Bianca Welsh）認為，在 MONA 或島上其他獨樹一格的博物館內流連，能帶給人難以忘懷的平靜，彷彿整個世界瞬間暫停。

塔斯馬尼亞博物館巡禮

MUSEUM HOPPING IN TASMANIA

塔斯馬尼亞人作風隨興，處事淡然。古今藝術博物館（MONA）是島上的文化樞紐，開幕十年，已有超過一百萬名遊客踏訪。「MONA，博物館之類的，位於塔斯馬尼亞某處。搭渡輪，喝啤酒，吃乳酪，聊藝術，你一定會喜歡。」這是從網路搜尋跳出的官網介紹，透露著一絲無所謂的態度，彷彿這裡沒什麼了不起。

與世隔絕的塔斯馬尼亞島向來以超脫塵俗的荒野與閒適悠然的步調而聞名，直到二〇一一年，這座奇特的博物館地標在荷巴特半島華麗現身，情況才有所改變。雖然 MONA 是南半球最大的私人博物館，讓塔斯馬尼亞成為世界文化地圖上重要的存在，但搭乘渡輪慕名而來的人依舊可以選擇最便宜的經濟艙，坐在用來裝飾甲板的綿羊造型座椅上。

整體來說，當地藝術圈並沒有出現什麼空前盛況。所有塔斯馬尼亞人都能免費進入 MONA 參觀，因此館內可以看見形形色色的遊客，而這種多樣性進而成為 MONA 的特點，包含藝術界菁英，與來自荷巴特貧困社區、之前可能從沒逛過博物館的孩子，都會走進由三疊紀砂岩鑿劈而成、如迷宮般錯綜複雜的藝廊。在淡漠的氛圍底下，這座

博物館就像該島的文化心臟——永遠強而有力地跳動，跨越世代，以一種表面看不見的方式將塔斯馬尼亞人牽繫在一起。「走在塔斯馬尼亞街頭遇上神祕費解的情況時，會讓人有種闖入另一個世界的感覺，神奇又充滿魔力。」來自當地的餐廳老闆兼設計迷碧昂卡‧魏爾許說。「在上一秒才穿過看似空蕩幽靜的街道，下一秒就踏入繁忙喧囂的鬧區。有點類似 MONA 的入口，你以為自己走進只有一層樓的建築，結果卻像《愛麗絲夢遊仙境》裡的愛麗絲一樣，跌進崖壁上的密室和坑道，墜入 MONA 柔軟的藝術空間。」

魏爾許在朗塞斯頓（Launceston）市區與他人合夥經營三個獲獎餐飲品牌，分別是靜水餐廳（Stillwater Restaurant）、柒室（Seven Rooms）以及黑牛小酒館（Black Cow Bistro）。朗塞斯頓位於荷巴特以北約兩小時車程處，魏爾許在投身餐飲之餘，也在這裡的塔斯馬尼亞設計中心（Design Tasmania）擔任志工。這個備受喜愛的文化機構擁有多年歷史，可追溯至一九七六年，是認識塔斯馬尼亞珍稀木材與設計師的好地方。儘管魏爾許被冠上「年度餐飲業青年企業家」的稱號，也打進「澳洲傑出青年」州決

賽，但她仍將自己定位成一個典型的塔斯馬尼亞人——隨興又不拘小節。

她比較自己在塔斯馬尼亞設計中心與餐廳裡的角色，認為兩者有不少相似之處。「在我們的餐廳裡，食物就像藝術，」她說。「我們呈現的不只是餐點，更是一種體驗，由舌尖上的滋味、嗅聞到的氣息、空間環境、音樂、椅子坐起來的感覺、擺盤和主廚的影響力交織而成。我走進塔斯馬尼亞設計中心時也有同樣的感覺。我能聞到百年澳洲紅豆杉的木材香氣，從而沉浸在當下的體驗裡。這是一場感官饗宴。」

博物館裡的寧靜時光成了魏爾許最享受的日常。「每年有超過十萬人來到塔斯馬尼亞州設計中心，」她說，「每次開會我都會盡量早到，這樣才有時間安坐下來，從一扇美麗的窗往外眺望。那扇窗就像相框一樣襯托著城市公園。一扇通往恬謐之境的窗。」

她認為，光是在塔斯馬尼亞旅遊，未必能感受到當地的文化脈動。那些打算在兩三天內走遍觀光熱點的人，也許會踩著輕快的腳步踏進亞瑟港遺址（Port Arthur Historic Site），看看古代監獄的真貌，或是一瞥流雲掩映的搖籃山（Cradle Mountain），但事實上，那抹寂靜與瑰異才是塔斯馬尼亞的生命所在。以博物館而言，島上還有其他令人流連忘返的展演空間，若只造訪 MONA，可能會錯過很多值得一看的事物。塔斯馬尼亞設計中心、朗塞斯頓的維多利亞女王博物館暨美術館（Queen Victoria Museum and Art Gallery），以及荷巴特的塔斯馬尼亞博物館暨美術館（Tasmanian Museum and Art Gallery，TMAG），都是魏爾許推薦的博物館迷必訪行程。

話雖如此，MONA 依舊是個很棒的開始，能帶來不可思議、近乎迷幻的體驗。「我記得自己摸黑穿過展館，來到一個明亮的房間，澳洲藝術家卡麥隆‧羅賓斯（Cameron Robbins）的『繪圖機』就在眼前，以瘋狂的節奏捕捉暴風雨下的強風，將大自然的力量轉譯成紙上的圖像。我就這樣站在那裡看了好久，完全失去時間感。另一次是在日落時分觀賞詹姆斯‧特瑞爾（James Turrell）的永久戶外裝置藝術〈Amarna〉，他的作品改變了天空的色調，當下我好像被催眠一樣，進入神遊狀態。」魏爾許說，「在這片刻停頓裡，可以聽見塔斯馬尼亞說話的聲音。」

「在這片刻停頓裡，可以聽見塔斯馬尼亞說話的聲音。」

本篇首圖
—
碧昂卡・魏爾許過去是塔斯馬尼亞設計中心董事會成員，於二〇二一年卸任。此外，她也在朗塞斯頓與他人共同擁有、經營三家屢獲殊榮的餐廳。從設計中心遠眺，可以看見一座公園。碧昂卡覺得這片風景（左圖）能讓人感到平靜。

上圖
—
許多當代塔斯馬尼亞木材設計作品，都被塔斯馬尼亞設計中心列為永久典藏。例如約翰・史密斯（John Smith）的湍流椅（Riptide Chair，左）、布洛迪・尼爾（Brodie Neil）的阿法椅（Alpha Chair，中）和布拉德・雷瑟（Brad Latham）的老虎椅（Tiger Chair，右）等。

上圖左與左圖
—

塔斯馬尼亞設計中心的木材藏品共有八十多件，包含班‧布斯（Ben Booth）的雕塑作品〈Vicissitude〉（左圖右）和琵琶‧迪克森（Pippa Dickson）的〈Variable Coupling〉（左圖左），後者還可兼作長椅使用。

上圖右
—

塔斯馬尼亞設計中心位於朗塞斯頓的城市公園（City Park）。這座公園是當地的一大特色，園區內住著一群日本彌猴，週末還有小火車可坐。

上圖
—
作為 MONA 入口的羅伊庭院別墅（Roy Grounds Courtyard House）原本是建築師羅伊·古朗斯（Roy Grounds）的家。館區內好幾棟建築皆出自他之手。

右圖
—
MONA 的燈塔翼廊（Pharos wing）裡有個巨大的白色球體。事實上，那是燈光藝術家詹姆斯·特瑞爾（James Turrell）的裝置藝術外殼，就矗立在一家專賣西班牙小吃的餐酒館中央。

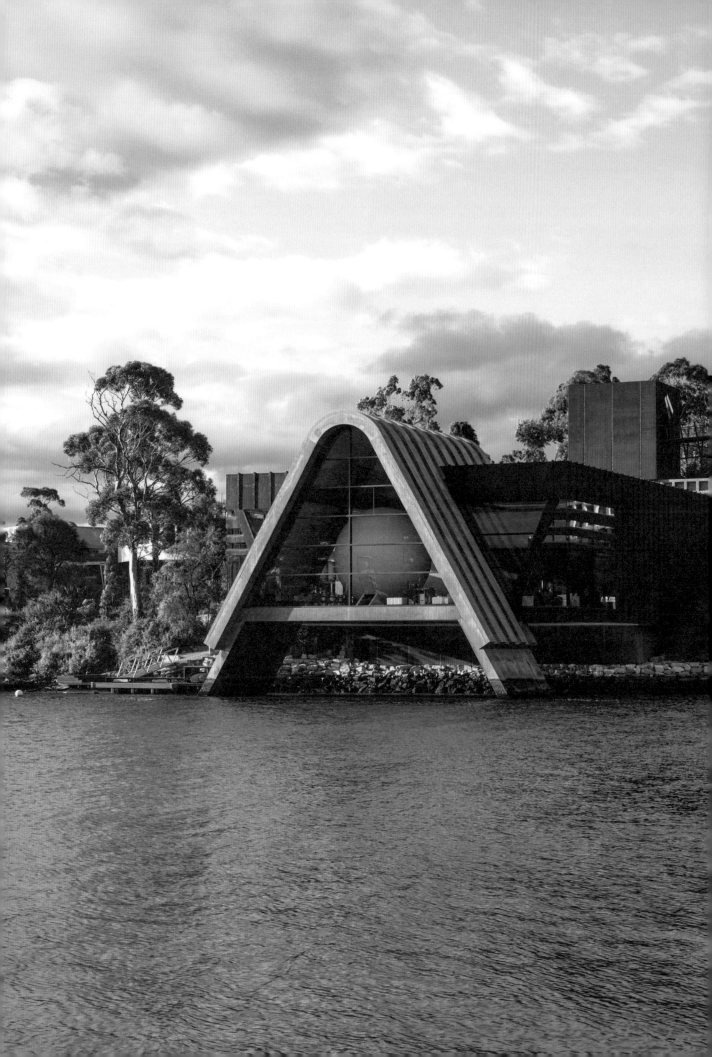

塔斯馬尼亞必訪博物館

1 古今藝術博物館（MONA）

由職業賭徒出身的藝術收藏家大衛·華許（David Walsh）創立，收藏許多符合古今藝術之名的展品，因此廣義來說算是博物館，但裡面也有休閒區和住宿飯店。其中一間展廳更舉辦過盛大晚宴，以外來入侵種入菜，提供賓客清燉貓肉湯等料理。

655 Main Rd, Berriedale

2 塔斯馬尼亞設計中心（Design Tasmania）

自一九七六年成立以來，塔斯馬尼亞設計中心就不斷資助來自塔斯馬尼亞及澳洲大陸等地、經驗不拘的藝術家。一九九一年，設計中心開始搜羅在地木材設計創作，現藏八十多件展品，從家具、廚房用品到抽象藝術都有。

Corner of Brisbane and Tamar Sts, Launceston

3 塔斯馬尼亞博物館暨美術館（Tasmanian Museum and Art Gallery）

成立於一八四八年英國殖民統治時期，在歷史上曾有過一些應受譴責的不當作為。特別的是，館方後來聲稱那些行為不符合道德，並就這段歷史鄭重向塔斯馬尼亞原住民社群表達由衷歉意，同時投入心力與原住民團體合作，共創嶄新的未來。

Dunn Pl, Hobart

4 維多利亞女王博物館暨美術館（Queen Victoria Museum and Art Gallery）

始建於一八九一年，館藏最初以礦物和動物為主，如今則橫跨各領域。近期展出的有塔斯馬尼亞原住民生活風貌，以及描繪難民遷徙至澳洲，訴說其心路歷程的藝術特展。

2 Invermay Rd, Invermay

5 薩拉曼卡藝術中心（Salamanca Arts Centre）

薩拉曼卡藝術中心藏身在荷巴特海濱一排歷史悠久的砂岩倉庫裡，由眾多工作室、展演空間和咖啡廳組成，勾勒出塔斯馬尼亞的藝術與設計文化。如果想買些藝術品帶回家，那裡也有很多畫廊和商店可以逛。

77 Salamanca Pl, Battery Point, Hobart

6 塔斯馬尼亞皇家植物園（Royal Tasmanian Botanical Gardens）

園區占地十四公頃，設有仙人掌區和國內唯一一間亞南極植物館，展藏了許多澳洲其他地方看不到的植物。喜歡蒔花弄草的旅人，別忘了到塔斯馬尼亞博物館暨美術館中的塔斯馬尼亞植物標本館看看。

Lower Domain Rd, Hobart

如何避開網紅陷阱

HOW TO AVOID THE INFLUENCER TRAP

　　美國作家唐‧德里羅（Don DeLillo）在一九八五年的小說《白噪音》（*White Noise*）中，描寫學者傑克‧格拉尼（Jack Gladney）和好友莫瑞‧西斯金（Murray Jay Siskind）進行了一天的旅行。兩人驅車經過草地和果園，很快就看到了「美國最常被拍照的穀倉」標誌。他們在指定的景點下車，遊客們帶著相機、三腳架和遠距鏡頭，在那裡聚集在一起。「沒人看到穀倉，」莫瑞挖苦地說，「一旦你看到了穀倉的標誌，就不可能看到穀倉了。」穀倉被拍照是因為它被拍照了，因為它以出名而聞名。就好像穀倉本身在閃光燈的耀眼光芒中消失了，只留下了名望的光環。

　　《白噪音》出版於Instagram問世二十五年前，但任何花時間沉迷於社群貼文的人，都可能因為熟悉這種景點竄紅的模式而深有同感。當然，Instagram上有一堆穀倉的照片，不僅僅是懷俄明州最上鏡的莫爾頓穀倉（T.A. Moulton Barn，德里羅就是以這裡為靈感）有相關數千張照片。還有摩洛哥山城舍夫沙萬（Chefchaouen）的絕美夢幻藍牆、挪威「山怪之舌」（Trolltunga）懸崖下明亮得像英國作家托爾金（J. R. R. Tolkien）筆下的廣袤地帶，以及斯洛維尼亞布萊德湖（Lake Bled）的藍寶石水域，這些都在網路上與穀倉有一樣的地位。人們拍照是因為他們被這些景點的美麗所感動

嗎？還是因為去這些地方時，能做得只剩拍照這件事？

短短幾年間，Instagram就改變了旅遊產業。二〇一八年的一項研究發現，三十三歲以下的年齡層中，有超過百分之四十的人在選擇下一個度假目的地時，優先考慮「畫面是否值得上傳到Instagram」，而不是其他因素。

我們可能會聯想到德里羅憤世嫉俗的語氣，因為我們被泰姬瑪哈陵的普遍旅行內容和所謂的「網紅」（網路或社群平臺上具知名度和影響力的人）分享所淹沒，但自一八八八年喬治·伊斯曼（George Eastman）用第一臺柯達相機拍攝照片以來，拍照一直是旅行中不可或缺的部分。即使網紅的分享使你不愉快，但拍攝旅行照片並與他人分享本身有什麼根本性的錯誤嗎？

要回答這個問題，我們必須先了解為什麼一開始人們要拍攝旅行照片。在整個二十世紀，遊客們拍攝照片，並將其整理至相簿和個人剪貼簿，以便在異地儲存記憶。這些照片在後來回顧時可能會產生強大的影響：誰不會在過往假期的攝影中，因為畫面重新喚起早已遺忘的聲音、氣味和記憶等感官連鎖反應？

然而，網際網路問世前，這些照片只有親朋好友看得到。Instagram打破了這個侷限，成為流行社群媒體中最具形象驅動力的平臺。旅行攝影不再是替未來整理好的個人資料庫，而是向身為觀眾的熟人、陌生人展開的現在進行式表演。

蘇珊·桑塔格（Susan Sontag）在一九七七年的散文集《論攝影》（On Photography）中這麼寫著：「收集照片就是收集世界。」甚至在那時，旅遊攝影也被視為獲取社會資金的一種方式。桑塔格冷冷地指出：「不帶相機就去旅行，這似乎是非常不自然的。照片將提供不容置疑的證據，證明旅行已經完成，計畫已經執行，已經擁有樂趣。」在Instagram上，我們的旅遊、我們的精彩和令人羨慕的生活等「證據」，幾乎是擁有無限的潛在觀眾。

一九七四年出版的《戀地情節》（Topophilia）一書中，頗具影響力的中國攝影師段義孚評論，人們拍攝湖泊的照片不僅是為了向朋友炫耀，也是為了證明自己的經歷：「一張沒有被拍下的照片令人悲嘆，彷彿湖泊本身被剝奪了存在的權利。」照相機和圖像在現代文化中無處不在，但也創造了一個對自身記憶失去信心的社會；正如網路上的俗話所說：「沒圖沒真相。」

這就是為什麼拍攝旅行照片的行為如此緊急，以至於超過兩百五十人試圖在危險位置自拍時死亡。這也是為什麼無數遊客在同一個地方拍攝了同樣風景的怪異相似照片，被帳號@insta_repeat巧妙地串聯起來：打開一頂藍色帳篷，可以看到十二幅青翠的田野；十二位留著又長又亂的頭髮的女朋

友，牽著一隻手引領我們走在一條林間小路上；十二位都穿著淡黃色雨衣的人，從冰島岩石之間的同一個缺口上跳下。雖然這些圖像在旁觀者看來是相同的，但「我們」的照片是不同的，因為「我們」在其中。

潛在的社群回饋，以及專業旅遊網紅獲得的經濟報酬，可能會導致某些重度使用Instagram的人模糊真實和虛構之間的界限。雖然追蹤者們可能會看到一個孤獨的身影若有所思地凝視著挪威壯麗的林格達爾斯瓦特內特湖（Lake Ringedalsvatnet），但這張照片同時也小心地避開一排等待拍攝同一種照片的登山客。看起來寧靜的湖面，反射出遊客站在峇里島連普揚寺（Pura Lempuyang）的天堂之門景象，但這是一位當地人拿著相機鏡頭下的鏡子創造出的幻覺。其他Instagram用戶則更加明目張膽地用Photoshop消除人群或增加藍天，甚至將自己完全放到從未去過的地方。不管它是不是真的，只要看起來不錯就好。

旅遊網紅影響著他們訪問的地方。像是挪威特羅通加懸崖（Trolltunga cliff）在社群媒體上掀起的新流行，十年來，每年前往該懸崖的遊客從八百人增加到了十萬。如今，許多目的地都有自己的社群行銷策略，並以「輕鬆拍出IG美照的打卡熱點」為廣告宣傳自己。早在二十世紀的二〇年代，柯達就在美國城鎮入口處設置了一個標語，上面寫著要拍照的內容。但透過網路，這些策略的影響要大得多。雖然旅遊業的增長可能會為當地經濟帶來好處，但一些Instagram上如病毒式宣傳的旅遊目的地卻因其新名聲而蒙受損失，泰國瑪雅灣、菲律賓長灘島和越南河內的「火車街」都因為遊客數量難以控制而被迫關閉。

外來者影響一地的現象中，有人認為圖像本身甚至可能衝擊遊客的健康。自二十世紀八〇年代以來，少數日本遊客聲稱「巴黎症候群」（Paris Syndrome）讓他們出現頭暈、嘔吐和幻覺，這是一種文化衝擊，因為法國首都跟他們心中浪漫又理想化的媒體形象不一樣，進而引起失望。

如果拍攝和分享照片都會產生負面影響，那麼我們該怎麼辦？我們可以在不捨棄Instagram的情況下進行合乎道德的旅行嗎？桑塔格認為，遊客在異國拿起相機為自己的不安設立一道屏障：「因為不確定其他人的反應，他們會先拍一張照片。這給了他們一種體驗：停下來，拍一張照，然後繼續前進。」但其實可以不必這樣。

旅行者可以出於不同上述的原因使用相機，那就是更深入地了解一個地方。旅行的核心應該是有意義地在一個新空間中與當地人、文化不期而遇，因為這是你可以為自己做的事情，而不是為了網路上的觀眾。與其傻傻地和大家一樣拍下最常被人攝影的穀倉，你應該離開最多人走的路，探索一些以前從未見過的東西。或者你可以單純地試圖深入了解，為什麼這個穀倉一開始就如此出名。

「 道 地 」 的 迷 思

THE MYTH OF AUTHENTICITY

　　「我討厭旅行，我恨探險家。」傳奇人類學家克勞德‧李維史陀（Claude Lévi-Strauss）以這麼一句話揭開《憂鬱的熱帶》（*Tristes Tropiques*）序章。他在這部回憶錄中，有些矛盾地講述了自己前往巴西和其他國家的航行故事。他哀嘆地說，探險家們延續了「消失的現實」的假象，而現在這種假象因為與西方文化接觸而變得黯淡無光。這本書出版於一九五五年，但李維史陀的困境至今仍然存在：在旅行中體驗一個目的地的「真正」本質，無論它是什麼，都會成為一個弄巧成拙的目標，因為外國遊客的出現不可避免地改變了他們尋求探索的地方。在一個全球化的世界裡，旅行者仍懷念著接觸未受破壞的文化，這樣的想法似乎已經過時，而且是註定失敗的。

　　但無論如何，一個真正的旅行需要具備什麼？對一些人來說，這意味著和包租遊輪、預先計畫好的假期不同，它是關於那些不販賣商品、走出成規、融入當地居民的「真實生活」。然而，對於其他人來說，這毫無意義。「我不認為真實性對所有人都重要，這是那些認同大都市的人所關心的問題。」美國喬治華盛頓大學人類學副教授羅伯‧薛波（Robert Shepherd）表示，「有一種階級導向的假設，即旅行本質上比觀光更真實，或更好。」

　　雖然許多自稱旅行者的人視自己與觀光客不同,但兩者之間的差別很難區分。「旅行者」像觀光客一樣,造訪異國是為了休閒,因為他們負擔得起。旅行者與觀光客的二分法被認為前者高貴,後者庸俗,但這兩類人都從消費者的角度看待外來事物:他們購買的是作為外來者的體驗,無論是在全包式體驗的度假酒店還是在當地的租賃Airbnb。「這可以說是一個陷阱,因為在尋求真實體驗的過程中,其實你體驗到的是商業產品。」薛波說,「但歷史上也沒有證據證明,因為錢而販售的物品是庸俗的。在歐洲,無論你在哪裡找到教堂,你都可以找到一個市場。一直都是這樣。」

　　我們對真實的追求往往可以歸結為對純粹的追求:一個沒有商業市場影響生活的地方、一個東非洲馬賽武士不用手機、南美洲玻利維亞薩滿不會說流利英語的世界。然而,這種片面的追求使其存在問題。薛波指出,這主要是西方的擔憂:例如中國人是世界上最大的旅遊消費群體,但他們對於尋求未受現代化影響的文化卻沒有同樣的焦慮。「我發現這在新殖民主義中是一種極其未經反思的行為,」薛波說,「因為對正在關注的事物完全未經思考,於是他們成為了被動的消費品。」

「有人可能會說這是一個陷阱——
在尋求真實體驗的過程中，你體驗的可能是產品。」

　　《體驗真實：掌握顧客的真正渴望》（*Authenticity: What Consumers Really Want*）一書的合著者約瑟夫・派恩（Joseph Pine）認為，實際上，對異國真實性的渴望與在超市尋找有機來源的產品有些相似：這是一種消費者的感受。他說：「當支付金錢就可以體驗生活，人們越來越懷疑什麼是真實的，什麼不是。」讓一些觀光客感到不安的是，他們開始意識到看到的很多東西都是為他們創造的，並且是因為迎合他們而提供的，像是以旅遊業為生的當地人為他們進行「真實」的表演，無論是穿上傳統服裝、誇大他們的民族特色，還是展示他們的文化。若像李維史陀一樣，想像著一個文明在過去幾年中，第一次與西方相遇之前會是什麼樣子，這無疑帶有殖民主義色彩。然而，旅遊業是許多國家的關鍵產業之一，埋怨這種狀況意味著剝奪文化發展和從旅遊業中獲利的權利，這些思考也啟發了我們。

　　旅行者在國外可能會體驗到偏離真實的事物，但這並不意味著他們一定會認為所有的旅行都是不真實的。「如果我去威尼斯，只是在城市中漫步，這種體驗對我來說可能非常真實。」派恩說，「我還可以走過威尼斯，把這座特地維持在十三世紀樣貌的城市視為提供給遊客的一場表演。」

　　派恩援引已故《紐約時報》建築評論家艾達・露易絲・赫斯塔布（Ada Louise Huxtable）的話說，我們的旅行體驗可能「亦假亦真」，因為在真實性的假象之上，真實本身並不完全是假的。在她的書《虛構的美國》（*The Unreal America*，暫譯）中，赫斯塔布將環球城市大道（Universal CityWalk）視為洛杉磯環球影城附近的購物長廊，這是一個「假現實」；遊客可以隨時從室內看到真實的洛杉磯，因為閃亮、人工的建築立面明顯地與那些樸實的建築形成對比，這個城市的偽裝就藏在那些不起眼的景象中。在這種情況下，接受我們的旅行中有一個表演性的元素，並不一定會阻止旅行成為現實。威尼斯工匠可能主要為遊客服務，因此可以展示他的技藝，但他仍然需要花費數年時間精進技術，誰會說他缺乏真實性？一位精通四種語言的街頭小販比起從她那裡買東西的有錢旅行者，更有資格成為一個國際化的人，如果能理解這一點，就能更進一步全面理解旅行的真實。

　　諷刺的是，最真實的旅行往往是與人交流中那些不真實的部分，旅行者只是簡單地體驗國外生活，認識自己處在不同社會中的位置。作為外國人，我們可以控制的是我們自己的態度有多真誠，以及我們對所造訪社區的影響。這本身就可以幫助我們從純粹消費，轉變為與我們探索的地方建立更為雙向的關係。與其渴望認識一個未知的真實，真正的旅行可能是在我們接受世界原本的模樣和我們所處的位置中而成立。

紀 念 品

ON SOUVENIRS

　　家強化了我們的自我意識。旅行，最好是讓自己不帶目的去遊走。像在約旦沙漠的寂靜中，或者在緬甸仰光街市的喧囂聲中，我們會突然意識到內心世界正在擴張，而思考正被一些疑惑所取代，包含周圍的事物，及已經或仍然可能存在的自我。這些非比尋常的時刻彌足珍貴，但它們也有可能一出現就消失。所以，就像數千年前的旅行者一樣，我們四處尋找一些東西，任何東西，隨身攜帶以保存它們，使它們可以隨時被看見。像是一顆腳下的鵝卵石、附近攤位上的一些漆器，都成為了紀念品。

　　紀念品一詞源自法語——「記住」——起源於拉丁語subvenire，意思是「使人想起」。研究紀念品的學者注意到了幾種不同的類型：鵝卵石、沙瓶或被壓在書中的樹葉，是取自自然環境的東西；因為離開旅遊城市而失去風土特色的漆器、編織披肩或一瓶橄欖油都是「當地產品」。這些物件保存我們的記憶與曾在這個地方的回憶。

　　但是，在人們有深刻需求的地方，就會有商業活動，所以紀念品不一定會以獨一無二的方式成為旅人的專屬物件。而在禮品店，我們發現通俗的物品往往會激發人們衝動購買紀念品，例如以收

縮膜包裝的勺子，通常易損壞而且總是很奇怪；一塊毫無用處的木塊上面烙印著「大煙山」字樣、一尊毛澤東的白蠟雕像、駝鹿形狀的楓糖、來自莫斯科必備的俄羅斯娃娃、攤位上塞滿了艾菲爾鐵塔的鑰匙圈，讓攤位木架幾乎快要無法承載重量。

　　文學評論家伊莉莎白・哈德維克（Elizabeth Hardwick）從酒店房間向外望去，看到時代廣場上這些「小而無用的商店」，並稱之為「了無生趣的好奇心」。而誰能和她爭論？這家禮品店把所處地點的特色化作最有代表性的符號，這些商品以塑料製成、從中國廣州出貨。它似乎在向遊客推銷他們到達前就知道的東西。

　　專家們將這些大規模生產的紀念品稱為「圖片畫像」（明信片）、「標誌物」（馬克杯）和「象徵性符號」（自由女神像紙鎮）。他們最簡單的目的是證明曾經存在，如「我飛往阿卡普爾科（Acapulco），我得到這件T恤。」當然，過去人們也曾經以特定的物件證明真的前往某地旅行。若是十八世紀一位富豪在壯遊後回家，會被期望帶回稀有的葡萄酒、書籍和威尼斯玻璃製品。但自由旅行和全球化的供應鏈，已經弱化了這種具地位身分的做法。旅行不再只是少數人專有，在大多數情況下，任何東西都可以在網路上買到。

　　一位經驗豐富的旅人可能會在禮品店內感到無趣，轉而尋找人跡罕至的市集。但是，像「在

> 「當旅行充滿新鮮感和令人興奮的時候，即使是巴黎紀念品店的
> 中國製鑰匙圈，也可以從個人立場證明曾去歐洲旅行。」

地」、「傳統」和「手工」等詞彙在旅遊語言中，已經變成老掉牙的敘述，也顯示人們開始聚焦於區別「真實」和「特地呈現」的體驗。羅夫・帕茲（Rolf Potts）《紀念品》（Souvernirs，暫譯）一書中探討了我們在國外購買東西的歷史和心理，他質疑這種區別：

我們很容易忘記，對於真實性的追求，也是為了讓我們的旅行充滿一種存在的真實感——一個物件便能代表我們生活中有意義的時刻。當旅行充滿新鮮感和令人興奮的時候，即使是巴黎紀念品店的中國製鑰匙圈，也可以從個人立場證明曾去歐洲旅行。多年後，同樣一位旅人可能會轉而購買葡萄酒或香水。但從存在的角度來看，這兩種購買行為都反映了與當地互動的真實感。」

取得紀念品並不限於跟旅行有關的事物。像是父母保留孩子的乳牙；醫生經常被患者要求保留在手術期間摘除的器官；一九五〇年代，洛斯阿拉莫斯（Los Alamos）的士兵因私藏少量鈾作為紀念品而屢次受到紀律處分；眾所周知，政治犯會保留某些物品，比如布鞋，是他們在那些年失蹤的個人證據。當一段非常重要的經歷可能離我們而去時，我們會設法將它保存在一個物體中。而紀念品與旅行最有關連，因為旅行本身就是濃縮的短暫體驗。

中世紀的基督教朝聖者是首批大量的自主旅行者，他們從耶路撒冷帶回了岩石碎片。而聖地守護者必須防範那些為了保留一點當地神性而鑿掉小塊石頭和木頭的人。升天教堂（Sanctuary of the Ascension）裡的看守者，必須定期更換據說是耶穌走過的泥土，因為狂熱的崇拜者會經常將其鏟走。

這些遺址催生了一個繁榮的基督教紀念品產業：一瓶瓶的油、小十字架、迷你模型，甚至是可以證明曾參觀地點的徽章。一切都是一樣的，對於把它們帶回家的旅人來說，一切似乎都是神聖的。雖然他們對這些物品的喜愛是由宗教情感所決定，但尋找現代紀念品也反映了人們對這些物品所蘊含的精神信仰。如果對我們來說，來自蒙馬特黃昏的石頭，便包含了黃昏的記憶，正如帕茲所描述的，「朝聖遺址的宗教體驗與有個人目的的旅行相似，特別是在情感上隱微的頓悟和旅行中產生的樂趣。」

當中世紀的朝聖者在一生一次的朝聖中，很幸運地抵達耶路撒冷後活著返家，看到自己的一小瓶油或銀鈴時，其蘊含的神聖性可能會隨著時間的推移而不會改變。但現在的紀念品更加複雜了。當我們看著家中層架上的物件時，它們仍會浮現真實記憶的片段、曾迷戀的人的臉龐，以及市場香料的味道。然而，當我們被時間改變時，紀念品的意義往往變得模糊不清，於是開始自問：我到底為什麼要買愛爾蘭鼓？巴塞隆納的盤子簡單地寫著「te amo」，現在意味著什麼？

帕茲指出：「我認為紀念品必然會成為逝去的象徵。」他指的是那些旨在提醒我們生命是短暫的物品。「被蒐集的紀念品在當下試圖提醒人們保留和珍惜體驗，在回家後，它們則提醒我們過去體驗的那些短暫而神聖的本質。」

PART TWO

野遊自然
WILD

攀越群山，涉過溪河，以人類之軀，連結大自然無與倫比的神妙壯麗。
荒野聲聲呼喚，我們與山川的距離，比想像中更近。

以色列嶙峋陡峭的地中海岩壁，是不少年輕攀岩愛好者心中數一數二的勝地。
對開闢以色列多條新興攀岩路線的歐法·布特里希（Ofer Blutrich）來說，
攀岩是一種慰藉，每攀一次，他與大地的連結就更深。

以色列的攀岩祕境

ROCK CLIMBING IN ISRAEL

布特里希經過家鄉拉馬伊沙（Ramat Yishai）的攀岩場館無數次，一直很想進去。有一天他終於被朋友說服，決定嘗試看看。「我很快就迷上了攀岩。」他說。布特里希對攀岩的熱愛引領他踏上職業之路，成為全國頂尖的攀岩運動家。身兼物理治療師的他，過去二十年來始終堅持不懈，奮力攀上以色列境內嶙峋峻峭的石灰岩壁、洞穴和峽谷。他的執著改變了國內攀岩界，讓這項運動從地下文化躍居主流。

以色列和其他地中海國家一樣，擁有崎嶇的地貌與乾燥溫和的氣候，但豐富多變的地形讓它成為與眾不同的存在。加利利（Galilee）肥沃的農業丘陵地距離枯旱遼闊的尼格夫沙漠（Negev）約兩百公里，周邊座落著許多知名文化與宗教景點。布特里希建議來此攀岩的旅人將基地設在海法。海法是位於迦密山麓（Mount Carmel）的港口城市，坐擁巴哈伊空中花園（Bahá'í Gardens），深受外國遊客歡迎。大多數主要攀岩地點都在這一帶，而且離特拉維夫（Tel Aviv）和耶路撒冷很近，輕鬆就能來場一日遊。經驗老道的攀岩者可以透過以色列攀岩協會（Israel Climbers 'Association）、Facebook 粉絲專頁「Boulder

Haifa」等在地社團取得戶外天然岩場資訊，布特里希的個人網站上也有免費的以色列進階攀登路線指南。至於新手，他建議可以聯絡當地攀岩家阿密特·班·卓爾（Amit Ben Dror），他經營的「High Point」攀岩工作室有提供相關諮詢服務。

「我覺得冬天很適合來以色列攀岩。」布特里希談到家鄉時說，「歐洲飄雪時，這裡的氣候通常都很舒服。你可以在一天內走訪所有聖地，再去海邊放空。」

如今，攀岩在以色列掀起前所未有的熱潮。根據布特里希的說法，以色列攀岩協會目前約有兩萬五千名會員，短短十年就飆升了十倍。攀岩場館無處不在，遍布每一座城市，民眾很容易就能接觸這項運動，攀岩人口也趨於多元，不少愛好健身鍛鍊的人都深受攀岩吸引，開始挑戰體能極限。

然而，從前的情況並非如此。布特里希回想起二〇〇一年初探攀岩時，認識了一群硬派攀岩好手。這個團體大約有一百名成員，全都是「熱愛冒險與戶外運動的人」。過去以色列只有兩座室內攀岩場，分別位於拉馬伊沙（Ramat Yishai）和奧諾村（Kiryat Ono），他們便以場館為

中心，在周圍形成小眾社群。由於以色列法規明文禁止在自然保護區內攀岩（且至今依舊），因此當時幾乎沒有戶外天然岩場。「很多人開始違法攀登，有幾個地方終於在十年後獲准開放。」布特里希表示。

二〇一七年，捷克攀岩運動家亞當・翁德拉（Adam Ondra）在皇冠窟（Nezer Cave）完成了以色列第一條 9a 路線（攀登難度分級），並將其命名為「攀岩自由」（Climb Free），在社群媒體上引發軒然大波，撻伐聲浪不斷。他賦名的初衷，是為了呼籲大家關注以色列政府扼殺當地攀岩運動發展的行為，但考量到那些生活在軍事占領區的巴勒斯坦居民，此舉被批為冷血無知，因為展現出絕對的特權傲慢。政治衝突與緊張局勢對攀岩運動造成的影響始終未曾消散。

以約旦河西岸占領區的自然保護區來說，以色列人可以沿著專用道路自由進出，巴勒斯坦人卻處處受限。約旦河西岸的拉馬拉（Ramallah）有越來越多人投入攀岩運動，社群急速發展，但以巴兩地的攀岩者至今仍未正式合作。「以色列和巴勒斯坦的問題一直存在，沒有改變，」布特里希說，「就連攀岩也無法消弭兩者之間的隔閡。」

儘管阻礙重重，布特里希依舊抱持樂觀態度，相信以色列有朝一日會成為全球熱門的攀岩勝地。多年來，他遊歷世界各角落，走訪攀岩運動盛行的國家，如今返回故土，以色列北部難度最高的攀登路線近在咫尺，其中很多條都是他開闢出來的。透過每一根精心安排、謹慎插下的錨栓，布特里希為當地攀岩者樹立了新的標竿。他自豪地說，現在國內有地方可以進行攀岩訓練了。

皇冠窟是他最喜歡的攀岩地點，距離海法約八十分鐘車程。洞窟本身位於火山口，座落在野地中央，從那裡可以遠眺黎巴嫩。往裡面走，只見內部空間呈鐘型，天光從上方的圓形孔穴灑落，染亮了周遭環境。布特里希花了八年的時間，在崎嶇的洞穴岩壁上建立蜿蜒的網狀攀登路線，勞心費力，對體能與精神來說都是一大挑戰，但他將這段經歷比作解決難題。

「解決問題是攀岩必經的過程，」他解釋，「其中還摻雜了許多變數，因為你不知道接下來會發生什麼事，總是遊走於成功與失敗邊緣，永遠不曉得下一個抓握點在哪裡，抓起來又是什麼感覺。」

等到克服一座新的險崖所設下的關卡，布特里希已經徹底摸透眼前這片岩壁。他對皇冠窟的了解之深，近乎親密。「那裡每一塊石頭我都認識，」他說，「感覺就像在自己家一樣。」

左圖
—
皇冠窟是以色列最具挑戰性的攀岩地點。
布特里希開闢了兩條難度極高的攀登路
線：8b 的 Blue Bear 與 8c 的 Matrix。

上圖
—
布特里希推薦的其他攀岩地點也有他親手開闢
的路線，譬如約旦瓦地倫保護區（Wadi Rum）
伊西林山（Jebel Um Ishrin）南面的 Glory。

上圖
—
皇冠窟隱身於以色列北部山區，直到二〇
〇五年才成為攀岩者的私房祕境，距離有
聯合國維和部隊巡邏的黎巴嫩邊境不到一
公里。

右圖
—
在以色列進行洞窟攀岩時要注意，只有以
色列攀岩協會成員才能在洞穴岩壁上安插
錨栓。但若發現鬆動的錨栓，手邊又有適
當的工具，則可自行旋緊固定。

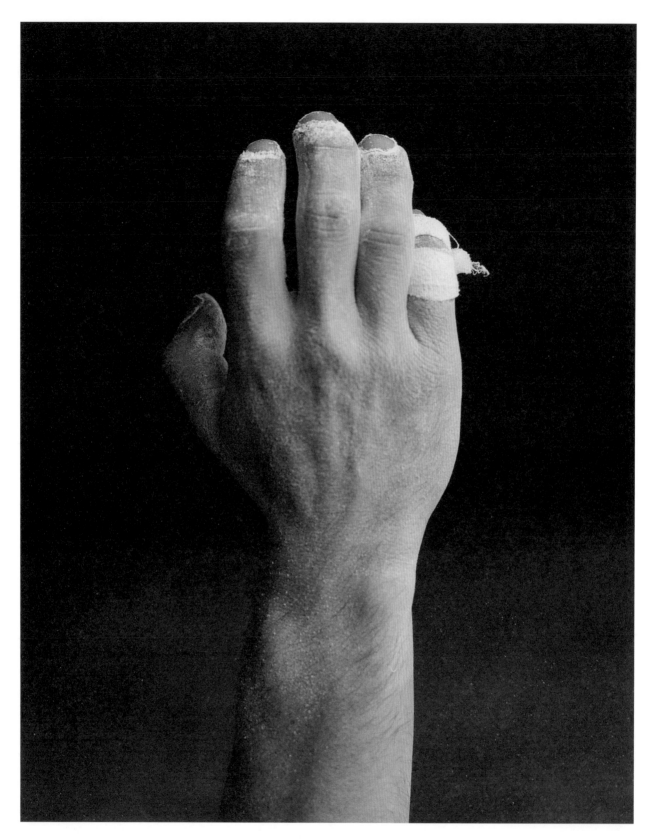

上圖
—

止滑粉袋與攀岩運動膠帶是攀岩時不可或
缺的備品。前者能增強摩擦力,讓你牢牢
抓住崎嶇的岩壁;後者能保護肌膚,避免
於攀爬岩縫時破皮受傷,進行高強度攀爬
後也能用膠帶纏手。

更多戶外攀岩熱點

美國 拉斯維加斯

距離霓虹閃爍、享樂至上的賭城大道僅二十六公里。內華達州南部有無數攀登路線，從石灰岩峭壁到壯闊的砂岩壁一應俱全。從拉斯維加斯驅車二十分鐘即可抵達紅岩峽谷（Red Rock Canyon），綿延起伏的天然岩場泛著豔紅色調，美得令人驚嘆。

越南 右隴縣（Huu Lung）

來到河內西北方約一百公里處的幽僻山谷，深入越南苗族心臟地帶，嶙峋的喀斯特地貌在新城社（Tân Thành）的果園、田野和叢林間拔尖而起。膽大無畏的攀岩好手三三兩兩來此朝聖，緊攀著幾近垂直的石灰岩峭壁，欣賞令人忐忑又壯觀的美景。

埃及 達哈布

攀岩運動在這座埃及度假小鎮裡漸趨流行。Wadi Qnai峽谷有花崗岩壁和高低參差的巨石，適合所有等級的攀岩者，無論是老手、新手還是兒童，都可以體驗到攀岩的樂趣。峽谷深處的綠洲是這裡最吸引人的亮點。

巴勒斯坦 拉馬拉（Ramallah）

兩名在約旦唸書的美國留學生前往耶路撒冷以北約四十五分鐘車程的拉馬拉，探索城市周圍的石灰岩峭壁，約旦河西岸的攀岩運動就此展開。他們的公司Wadi Climbing一夕爆紅，去年開始更將室內場館和戶外攀岩行程全面交由巴勒斯坦人經營。

中國 陽朔

陽朔縣與同名的陽朔鎮位於中國東南部廣西省，座落在巍然聳立的石灰岩峰間，典型的喀斯特地貌隨處可見容易抓握的石灰華岩。陽朔甚至有間名叫「鏽錨栓」的攀岩小酒吧，可以去那裡補充止滑粉，和其他同好一起暢飲啤酒，交換心得。

北馬其頓 史高比耶（Skopje）

馬特卡峽谷（Matka Canyon）距離北馬其頓首都史高比耶僅十五公里，是休閒攀岩的好去處。五座岩場俯瞰著壯觀的水壩和湖泊，充滿荒野風情的自然保護區盡收眼底。若想進行深度攀岩，可以到史高比耶以南約一百公里處的德米爾卡皮亞（Demir Kapija），那裡有十二個攀岩區，路線非常多樣。

格拉斯哥距離蘇格蘭最壯麗的湖泊、峽谷與蒙羅群山（Munros，指蘇格蘭境內海拔九百一十四公尺以上的
山峰；最初由登山家休·蒙羅爵士〔Sir Hugh Munro〕編纂成目錄，故有此稱）只有一箭之遙。
常登山健行的札赫拉·瑪穆（Zahrah Mahmood）說，走進山林能喚醒內在獨立的靈魂，
與腳下同樣淌著這般精神的古老大地產生共鳴。

征服蘇格蘭的蒙羅山

SCALING A SCOTTISH MUNRO

　　登山前一夜，札赫拉·瑪穆「整個晚上不停反覆查看氣象」。她煎了歐姆蛋，準備在去程時配著烤吐司冷冷地吃。她記得母親常做這道輕食當作公路旅行的點心。另外她還帶了雷根糖、水果和一些「能幫助我熬過回程的東西」。一切準備就緒，瑪穆會在天亮前從格拉斯哥出發。「一出去就是一整天。」她說。

　　格拉斯哥雖非首都，卻是蘇格蘭第一大城，驅車向北一小時即可抵達矗立在羅曼湖（Loch Lomond）南緣的群山。蘇格蘭是英國（大不列顛暨北愛爾蘭聯合王國）四個構成國中山脈最多的區域，包含兩百八十二座海拔九百一十四公尺以上的「蒙羅群山」，以及海拔一千三百四十五公尺的英國最高峰本尼維斯山（Ben Nevis）。根據二〇一八年政府的住戶調查，不少蘇格蘭民眾都跟瑪穆一樣喜歡健行，一年更有數百萬名遊客回應山野的呼喚，前往羅曼湖、托撒契國家公園（Trossachs）及高地的凱恩戈姆山國家公園（Cairngorms）。全長八百三十公里，以伊凡尼斯堡（Inverness Castle）為起訖點的北海岸環狀公路（North Coast 500）吸引了無數遊客深入荒野，健行則領人踏上步道，親睹珍稀植物、石楠荒原、泥炭沼澤與難得一見的動物，一窺細膩古老的蘇格蘭。

　　海拔高度九百七十四公尺的羅曼山（Ben Lomond）開啟了瑪穆尋山訪岳的契機。那次征途困難重重，讓她差點放棄。「一開始就挑戰蒙羅山不是什麼明智的選擇，」她坦承，「我並沒有立刻愛上登山。」當時她在會計事務所實習，壓力很大，需要逃離格拉斯哥，同學建議她不妨踏入山林，好好放鬆一下，「考試讓我很煩心，我想暫時忘卻一切，登上山巔。」

　　六個月後，她再次挑戰羅曼山，接著去法夫郡（Fife）爬相對輕鬆的西羅曼山（West Lomond），沿著小徑經過形狀奇特、看起來超現實的帽岩（Bunnet Stane），順利攻頂。「帽岩有個類似洞穴的地方。我望著風景，突然想到先知穆罕默德——願他安息——最初就是走進自然與真主產生連結，在山洞裡領受神啟。後來我就一直有意識地提醒自己，我也在做同樣的事。」

　　全球有成千上萬人透過瑪穆的 Instagram（@the_hillwalking_hijabi）關注她的冒險旅程，這不僅是她巡遊蘇格蘭山川的視覺紀錄，也是她自野外獲得心靈滋養的日記。「很多人說山林是他們的教堂……我每次都開玩笑說，山林是我

的清真寺。」內建指南針、四角有金屬片壓鎮的輕便祈禱墊，是她出外旅行的必備品。

瑪穆建議那些想來格拉斯哥呼吸山區新鮮空氣的遊客，可以前往東部的伯斯郡（Perthshire）。「這裡完全被低估了，」她說，「如果你問哪裡才能看到美麗的風景，不少人都會推薦阿維莫爾（Aviemore）或格倫科峽谷（Glencoe）。但伯斯郡也有豐富的歷史與自然景觀。佛拉奇山（Ben Vrackie，海拔高度八百三十八公尺）是我最初爬的幾座山之一，那種感覺就像站上世界之巔。穿越森林，涉過水域，走完最後一段陡峭的坡道登頂，可以一路望見凱恩戈姆山。」

格拉斯哥與山脈之間的關係很複雜。二十世紀初，許多社會士紳開始利用閒暇時間探索鄰近的山峰，繪製攀岩路線圖，後來造船廠工人也加入他們的行列，於休假時騎車前往皮匠山（Cobbler）等地，用基本的繩索和裝備攀越高峰，在充當防水布的報紙或岩架底下過夜。之後登山活動慢慢大眾化，親近山林成為每個人的基本權利。如今皮匠山依舊是格拉斯哥最熱門的攀岩一日遊景點，此外還有幾條比較簡單的休閒步道，例如基爾派翠克山（Kilpatrick Hills）的 Whangie 岩塹小徑，穿過岩廊後就能親見壯闊的高地美景。若想來點不一樣的週末散步體驗，橫跨海岸的約翰繆爾步道（John Muir Way）也是很棒的選擇。

目前瑪穆已經征服了十幾座蒙羅山。她也設下目標挑戰自我，希望能在三十歲前寫下攀爬三十座山的紀錄，不過這項計畫因新冠肺炎疫情和封城而有所延宕。為了彌補失去的時光，她在短短幾個月內爬了十五座蒙羅山。「我喜歡整天沉浸在山間，」她說，「離開時我覺得心靈和精神都好輕鬆。就算只是在格拉斯哥散步，也能遠眺基爾派翠克山或坎普西丘陵（Campsies），光是看著，就能讓人感到平靜。」

左圖

—

高地有許多具挑戰性的路線，等著經驗豐富的登山客前來探索。堆棧波利山（Stac Pollaidh，如圖）位於阿辛特（Assynt），距離格拉斯哥約五小時車程，必須奮力攀爬才能登上山脊。

上圖

—

瑪穆並沒有立刻愛上登山。她初攀羅曼山時遇上許多困難，不但筋疲力盡，還得應付被其他登山客盯著看的感覺。

上圖
—
野山羊在格倫科北部的阿庫雷斯特山（Beinn a'Chrùlaiste）坡地尋得棲身之所。阿庫雷斯特山海拔八百五十七公尺，未達蒙羅山的標準，被歸為「寇貝山」（Corbett），即海拔超過七百六十二公尺的山脈。登山家約翰・寇貝（John Rooke Corbett）率先將這些山彙編成表，故有此稱。

右圖
—
蘇格蘭立法保障人民「漫步的自由」（freedom to roam），人人皆可進出並使用公有地和公共水域。卡倫湖（Loch Carron）環抱著高地普拉克頓村（Plockton），擁有豐富多樣的海洋生物，不時可以看見瓶鼻海豚、鼠海豚和水獺，這裡也被官方列為保護區。

更多適合都會健行的城市

愛爾蘭 都柏林

都柏林位於愛爾蘭海（Irish Sea），不少步道都可以看見陡峭的岩壁、古雅的燈塔、海堤與礫石灘，很適合那些喜歡在野外游泳的人。如果愛山勝過海，可以到附近的威克洛山脈（Wicklow Mountains）挑戰陡度驚人的健行步道，來場振奮身心又熱血的登山之旅。

中國 香港

香港島不只有都會區而已。島上群山峨然，地勢陡峭，濃密的森林占地約八十平方公里，縱橫交錯的登山步道橫互其間。不妨沿著山徑漫步幾個小時，然後下到大浪灣觀海，看人衝浪。

義大利 里雅斯特（Trieste）

里雅斯特踞於義大利東北角，座落在中歐喀斯特高原與地中海交會處，距離斯洛維尼亞和克羅埃西亞比離威尼斯更近。始於城市的登山步道順著海岸綿延，行經高峭險峻的白色海崖。

日本 長野縣

冬季造訪長野，可以循著一九九八年長野冬奧金牌得主凱雅‧塞欽格（Katja Seizinger）與赫曼‧邁耶（Hermann Maier）的足跡，暢滑他們留下的雪道。若是其他月分來此登山健行，則可欣賞日本層次分明、絢爛多采的季節變化：春天野花盛開，夏天森林蓊鬱，秋天落葉翩翩。

巴西 里約熱內盧

一想到里約熱內盧，腦海中會立刻浮現出山巒的輪廓，更具體地說，是那名高踞於山巔的傢伙。你可以搭電梯來到矗立在山頂的救世基督像，享受它腳下明媚的城市風光，也可以登上鄰近的高峰，追尋更意想不到的壯麗絕景。

寮國 龍坡邦（Luang Prabang）

翻山越嶺，走過龍坡邦周圍的鄉村，濃密的叢林間綴著嶙峋參天的喀斯特地形，構築出與其他地方截然迥異的奇觀。從龍坡邦搭渡船快速橫越湄公河，來到對岸的 Chomphet 區健行，途中會經過四座佛寺，其上的濕壁畫皆出自僧侶之手，妝點著數百年來的歷史。

紐西蘭溫泉呈現出一種矛盾的風景：想在它神祕的魅力中放鬆，必須先辛苦跋涉，
深入地圖上找不到的幽境。「這麼做的人，大自然自有回饋，」
當地養生產業領導者露西・文森（Lucy Vincent）說，「你會得到一種全然純粹的平靜。」

紐西蘭荒野療癒之旅

WILD WELLNESS IN NEW ZEALAND

　　紐西蘭之所以成為大家心馳神往的旅遊地點，是因為它擁有未開發的自然荒野，令人想起無人類定居的時代：濃密的原始雨林、嶙峋起伏的山脈、冰川和純淨的海灘，當然，溫泉也不例外。

　　羅托魯瓦（Rotorua）位於北島地熱中心，超凡空靈的霧白蒸氣自塔拉威拉湖（Lake Tarawera）水面裊裊上升。「看起來既古老又怪誕。」保養品牌「Sans Ceuticals」創辦人露西・文森說。據她所言，這裡的泉水富含礦物質，具有消炎及舒緩作用，她建議泡完後過幾小時再洗澡，讓肌膚充分吸收溫泉精華。

　　十一歲那年，文森舉家從英國移民至紐西蘭，之後她便以身為紐西蘭人為傲。因為在這裡，人人皆得親近自然，與天地建立獨特的連結。

　　她回想起初次在塔拉威拉湖裡游泳，感覺到有股暖流從涼爽的湖水中湧出，當下的感受「很怪……又很神奇。」文森自幼便失去嗅覺，因此羅托魯瓦聲名狼藉的硫磺惡臭並沒有造成她的困擾。

　　這種奇妙的體驗最早可追溯到紐西蘭仍是「奧特亞羅瓦」（Aotearoa）的時候，這是當地原住民毛利人對這塊土地的稱呼，意為「綿綿白雲之鄉」。毛利人認為地熱水具有醫療與修復功效，將之視為寶貴的天賜。不同的水池扮演著不同的角色，或是精神象徵，或是日常儀式的一環。沸騰的泉水（ngāwhā）主要用來烹煮食物或洗濯編織用的亞麻，溫暖的池水（waiariki）則是沐浴、洗衣與放鬆身心的場域。十九世紀末，歐洲殖民者開始大肆利用紐西蘭的地熱資源，政府更闢建了數座採行種族隔離制的溫泉療養浴場，導致外來移民與毛利人之間的衝突越演越烈，直到一九六〇年代才廢除該制度。

　　溫泉經常讓人聯想到細心呵護、寵愛自己，或是鬆軟的毛巾捲、香氛保養品和戶外休閒躺椅。紐西蘭的羅托魯瓦溫泉及南島的漢默溫泉（Hanmer Springs）、路易斯隘口（Lewis Pass）和法蘭茲約瑟夫冰川（Franz Josef）周圍有許多人氣觀光熱點，絕對能帶給你天堂般的體驗，陶波湖（Lake Taupō）甚至還有池畔咖啡館和酒吧，泡溫泉時只消游到池邊就能享受服務。不過，若想更貼近原始荒野，真正沉浸在大自然裡，可能得先付出一些努力。

　　紐西蘭境內有許多美麗的天然溫泉，需要徒步穿越樹叢和山林，花好幾個小時甚至好幾天的時間健行。而在政

府管理的簡陋山屋中過夜，才能一窺其真貌（當地人稱之為 tramping）。「不是只要跳下車找張躺椅，滑進溫泉池就好，」文森說，「必須拿出勇氣，流點汗才行。」

在霍克灣（Hawke's Bay）的卡維卡森林公園（Kaweka Forest Park）跋涉三小時，穿過灌木叢和崎嶇的山野後，蒙加泰諾卡溫泉（Mangatainoka Hot Springs）的存在宛如大自然的獎賞。三座溫泉池座落在莫哈卡河（Mohaka River）旁的露天平臺，放眼望去，只有最基本的水閥設施、環繞四周的麥蘆卡樹，以及懸於樹冠上、美到令人難以置信的森林景致。

文森提醒，想探索這些祕境，必須做好準備，「大膽無畏」。她說：「走訪紐西蘭溫泉就像一場冒險⋯⋯我們喜歡踏上人跡罕至之處，遠離喧囂。」有些溫泉連地圖上都找不到。你可以在地熱區四處打聽，或許會遇上友善的當地人指路，最後沿著一條沒有路標的小徑翻越陡峭的地景。前往荒野探險時，記得帶上必要的裝備，應付可能的天氣變化。如果要去科羅曼德（Coromandel）的熱水沙灘（Hot Water Beach），別忘了帶鏟子，在沙灘上挖個屬於自己的浴池。

溫熱舒爽的泉水與奇兀嶙峋的地貌形成強烈對比，隱約散發出一種與金錢、舒適無關的奢侈感。文森認為，這樣的衝突美造就出最典型的紐西蘭在地體驗，與現代將「養生」視為頂級產品、得以買賣的風氣大相徑庭。比起「一切都經過消毒，包裝得整整齊齊」的歐洲水療會館，紐西蘭未經雕琢、原始純粹的自然風貌更能療癒身心。

這些年來，文森享受過無數假期，不時遁隱山林靜思，但唯有在紐西蘭海邊露營，或是於荒野中健行紮營，探尋天然溫泉，才讓她有真正抽離日常生活的感覺。

「當你身處這樣的環境，天時地利，萬物相宜，你就會不知不覺魂遊象外。回到這個世界時，感覺整個人煥然一新。」她說，「這就是荒野的力量。待在度假村無法讓人真正逃離現實。」

左圖
—
十九世紀以來，造訪塔拉威拉湖的遊客絡
繹不絕。無論是乘船還是沿著湖畔森林小
徑徒步，都能抵達 Wairua Stream 溫泉。

上圖
—
你可以在塔拉威拉湖淺水處用石頭圍出屬
於自己的溫泉池。有些地方已經有現成的
岩砌浴池可用。

上圖
—
文森的美容養生產品以「少即是多」為理
念，強調永續的重要性。溫泉水療完全符
合這兩個條件。

右圖
—
塔拉威拉湖步道全長十四公里，以距離羅
托魯瓦十五分鐘車程、位於塔拉威拉路上
的 Te Wairoa 停車場為起點，一路延伸到
熱水沙灘。

140   THE KINFOLK TRAVEL

更多放鬆身心的野外祕境

美國 道頓溫泉
（Dunton Hot Springs）

如果你和朋友銀彈充足，又喜歡舊時代氛圍，可以到科羅拉多州租下整座道頓鬼城，體驗復古的十九世紀風情。引用天然溫泉的公共浴場，數百年來深受礦工喜愛。

美國 珍娜溫泉
（Chena Hot Springs）

一九〇四年，一名美國地質調查人員注意到有蒸氣自阿拉斯加內陸深谷繚繞升騰，後來，兩名開採金礦的兄弟在蒸氣源頭發現了溫泉。如今溫泉區裡已有各式設施，遊客可以泡在熱呼呼的天然浴池裡，仰望璀璨的極光。

匈牙利 黑維茲湖（Lake Héviz）

黑維茲湖是世界上最大的溫泉湖，水溫永遠維持在攝氏二十三度以上，很適合游泳。水裡獨特的化學成分讓菌群得以滋生，據說這些細菌具有特殊的療效。

希臘 波札溫泉浴場（Pozar）

熱氣氤氳、富含礦物質的泉水隨著熱河（Thermapotamus River）注入靠近希臘和北馬其頓邊界的波札溫泉浴場。場內有人工池和天然池，可以跳進溫泉旁的天然冷泉，來場刺激的冷熱交替浴，或是舒舒服服地坐下來往後靠，讓蒸氣驅散心頭的煩憂。

日本 箱根町

日本國民很愛泡湯，溫泉度假村隨處可見。箱根町及當地的露天浴池就座落在富士山影中，湯客可以浸在蘊含礦物質的溫泉裡，靜觀完美對稱的山景。

葡屬亞速群島 聖米格爾島
（São Miguel）

亞速群島與馬德拉群島（Madeira）、維德角群島（Cape Verde）、加那利群島（Canary Islands）等四個群島皆同屬粗獷壯美的馬卡羅尼西亞火山群島（Macaronesia）。幸好現在聖米格爾島湧出的是溫熱的礦泉，而不是熔岩。來到這裡，不妨去費拉利亞地熱溫泉（Termas da Ferraria），或是前往名副其實的弗納斯鎮（Furnas，英文中的furnace 有火爐之意），體驗富含鐵質的溫泉浴。

在滑雪季，謝姆沙克（Shemshak）陡峭、風景優美的雪坡為旅人提供了一貫良好的滑雪條件。
對於女子國家滑雪隊的教練薩米拉‧札加里（Samira Zargari）來說，
這裡也為城市生活提供了一種平靜的平衡。

從伊朗城市到滑雪場

FROM CITY TO SLOPE IN IRAN

阿勒布爾山脈（Alborz）巍然屹立於德黑蘭的天際線之上，也聳立在該市閃閃發光的住宅區摩天大樓之上，並將南部伊朗高原的乾旱沙漠與北部裏海的茂密森林和海灘分隔開來。春天，當地居民長途跋涉來到山麓小丘，觀賞鮮花盛開，或者在夏天，於涼爽的溪流中暢游。當樹葉變成紅色、橙色和黃色時，德黑蘭人知道，很快就要離開城市，前往雄偉的山脈上。

距離伊朗首都北部僅一小時路程，就有該地區最好的滑雪場。最令人興奮的是位於達馬萬峰（Mount Damavand）陰影下的雪道，達馬萬峰是鎮外一座巨大的休眠火山，海拔五千五百公尺，是中東最高峰。幾十年來，伊朗人一直被沿著周圍陡峭的雪坡滑行而下的刺激所吸引。

伊朗最著名的滑雪勝地是謝姆沙克。這個小村莊自一九五〇年代以來就迎來了滑雪者，並以陡峭的雪坡而聞名。而謝姆沙克的老對手迪贊滑雪場（Dizin）則提供了更多初學者的雪道。日落後，纜車繼續運行，燈光一直亮著，來自德黑蘭的 DJ 經常舉辦戶外派對，室內音樂和伊朗流行歌曲混雜在一起。雖然這裡在營業時間後有著愉快的氛圍，但謝姆沙克主要讓人著迷的地方仍是它的雪道，並

且依然吸引著該國一些最優秀的運動員前來。

「謝姆沙克被認為是伊朗最專業的滑雪場，」薩米拉‧札加里說。她是伊朗最有成就的滑雪運動員之一，也是伊朗女子滑雪國家隊教練。她說：「滑雪場朝北，陽光充足，大部分時間都被粉狀雪覆蓋。」由於全球變暖迫使許多歐洲度假勝地依賴造雪機來彌補降雨量減少的影響，阿勒布爾山海拔高，積雪量大，四季都能提供完美的滑雪條件。從十二月到四月，積雪量保持一致，可以延長滑雪的時間。而一月和二月，新粉雪會在最佳狀態。

滑雪在一九三〇年代首次傳入伊朗，當時法國的影響力達到頂峰（帶著波斯口音的「merci」仍是伊朗最常見的致謝方式）。滑雪纜車建在少數的夏季高山草場、寧靜的山村和德黑蘭的避暑勝地，這些地方很快也成為了冬季度假勝地。在城市邊緣的富裕社區費倫賈克（Velenjak），甚至還修建了一輛敞車，讓那些沒有車的人可以前往托恰爾山（Tochal）滑雪場。多虧於滑雪的便捷性和低廉的票價（一張日票約八百五十里亞爾，約二十美元），滑雪在伊朗長期以來一直是一種受歡迎的休閒方式。然而近年來，美國的制裁造成了當地巨大的經濟損失，里亞爾大幅貶值

了百分之八十，使得大多數伊朗人買不到滑雪票。

札加里一生都在謝姆沙克生活。她的家人在她三歲的時候搬到了那裡，躲避了一九八〇年代兩伊戰爭期間德黑蘭每天為保護山區安全而進行的轟炸。她開玩笑說：「我還沒真正知道什麼是滑學，就開始滑雪了。」戰爭結束後，她的家人將家搬回德黑蘭，但仍在謝姆沙克度過了一年的大部分時間。札加里在雪坡上的成長經歷，最後開啟她對奧運會的雄心壯志，以及她目前身為國家隊教練的工作，「我想培養下一代冠軍。」她說。札加里還在謝姆沙克經營雪道滑雪學校，為初學者提供課程。「謝姆沙克離德黑蘭只有一小時車程，感覺卻像兩個不同的世界。這是一個平靜、不擁擠的地方，也是伊朗最和平的地方之一。」

謝姆沙克的氛圍舒適而輕鬆。山坡上有一些時髦的旅宿，例如有彎曲白色立面、以冰屋為靈感的客房的巴林滑雪度假村（Barin Ski Resort），還有一些比較傳統的飯店，如幾十間小木屋和廉價旅館。在大多數住宿選項中，都可以找到滑雪活動。在滑雪後，用木炭慢慢煮好的茶來取暖，是一種從雪坡上恢復體力的最受歡迎方式。札加里推薦了兩種當地特色菜：蠶豆薑黃飯（dampokhtak），以及用野菜製成的野蒜炊飯（valak polo）。晚餐後，餐廳還提供帶有煙草味道的水煙，如橘子薄荷或特濃蘋果。謝姆沙克是德黑蘭人週末放鬆的地方，想認識這裡，最好的辦法就是交朋友，看看這座城市能帶你去哪裡。

「謝姆沙克離德黑蘭只有一小時車程，感覺卻像兩個不同的世界。」

左圖
—
雄偉巍然的阿勒布爾山脈橫跨伊朗北部。若想靜靜久坐細賞山景,可以至德黑蘭車站搭乘私人觀光列車,展開山區一日遊。

上圖
—
巴林滑雪度假村可能是謝姆沙克最引人注目的建築。建物外觀以飄盪的雪花為靈感,由 RYRA Studios 建築工作室操刀設計,並於二〇一一年竣工。

上圖
—
如果不在意使用過時的滑雪裝備和用具，
可以直接向度假村租借。德黑蘭有大型滑
雪用品專賣店，可以買到最新型的設備，
但價格略高於其他國家。

右圖
—
雖然伊朗（含德黑蘭）冬季雪量充足，雪
季卻很短，大約只有三個月，因此運動員
有時必須出國訓練。

更多陽光燦爛的滑雪勝地

黎巴嫩 姆紮（Mzaar）

貝魯特距離黎巴嫩中部林木寥落的姆紮 – 卡法德班山脈（Mzaar-Kfardebian）僅五十一公里。這裡雖然不是阿爾卑斯山，雪坡卻毫不遜色。滑完雪後可以回到貝魯特，在地中海悠閒游泳，享用海鮮大餐。

義大利 埃特納火山（Mount Etna）

講到義大利滑雪，大多數人腦中都會浮現出位於北部、毗鄰阿爾卑斯山的多洛米蒂山區（Dolomites）。西西里島的埃特納火山顛覆了一般對義大利滑雪假期的想像，海拔超過三千三百公尺的火山區不僅有平坦的雪道，更坐擁美麗的無敵海景，很適合喜愛高山滑雪及北歐式滑雪的人。

阿爾及利亞 沙里亞（Chréa）

滑雪場位於沙里亞國家公園，擁有一段稱不上休閒娛樂的歷史，過去許多組織都曾在此設立軍事基地，例如阿爾及利亞戰爭期間與法軍作戰的民族主義團體「民族解放陣線」（FLN）就是其一。如今這裡是該國唯一由政府管理的滑雪場。

美國 聖蓋博山脈（San Gabriel Mountains）

晴朗的冬日，可以從洛杉磯的高速公路上看見白雪皚皚的群峰，且開車一個小時左右即可抵達（前提是沒塞車。別忘了，這裡可是南加州）。滑雪結束後，記得及時掉頭回到馬里布海灘，欣賞日落美景。

澳洲 特瑞坡（Thredbo）

澳洲幅員遼闊，各地距離遙遠，特瑞坡滑雪場也不例外，從雪梨和墨爾本開車都要六小時才能抵達。來到這裡，可以探索澳洲最高的山脈，以及仿效奧地利聖安東滑雪場（St. Anton）打造而成的滑雪勝地。夏天則可騎著單車，沿路道飛馳下山。

在北大西洋這個無遮蔽、環境惡劣的群島上，慢食一直是必不可少的。
現在，像保羅·安卓亞斯·齊斯卡（Poul Andrias Ziska）這樣的當代廚師，
正在為新遊客帶來法羅島的舊式美食和古老景觀的滋味。

法 羅 群 島 經 典 老 菜 新 創

NEW OLD-FASHIONED FAROESE FOOD

在法羅群島，你離海的距離永遠不會超過五公里。這個崎嶇的群島位於北大西洋，與峽灣隔絕，只有一半鋪設著山口、橋梁和海底隧道組成的公路網。幾個世紀以來，法羅群島一直在尋找生存所需的一切，而這些島嶼仍然是那些無遮蔽、環境惡劣的島嶼，並繼續形塑著一種特殊的生活方式。

儘管這個嚴峻、無人居住的地方使這些島嶼成為吸引人的低調旅遊勝地，但法羅群島仍是一個現代化的居住空間。他們在國家發展指數方面一直名列前茅，該國（丹麥王國的海外自治領地）的失業率是世界上最低的。有補貼的直升機服務將更偏遠的島嶼社區連接起來。

然而，島嶼仍保有一些原本的生活方式，其中之一是發酵的傳統，彷彿提醒人們全球供應鏈和超級市場的時代還沒有出現。在冷凍方式出現之前，大多數文化都使用煙燻或鹽漬保存食物，但法羅群島上很少有樹木生長，歷史上也沒有生產鹽的方法，因此法羅群島不得不依靠乾發酵法。大多數房子外面都有小木棚，小羊羔和魚被晾乾後留下來，形成一層黴菌。棚架一側的縫隙讓鹹空氣從小屋中吹過，這種臨近大海和暴露在風中的吹拂，使法羅群島強

烈、複雜的特別味道得以呈現。一些法羅群島人甚至可以從味道上辨別出肉是在該群島的哪十八個島嶼中被風乾的。

據法羅群島唯一的米其林餐廳、也是該島在地美食擁護者之一的「KOKS」年輕廚師長保羅·安卓亞斯·齊斯卡介紹，法羅群島上飼養的羊隻百分之九十在屠宰後都是以發酵法保存的。「今天，當你可以吃發酵的法羅群島羊羔肉，但卻去吃新鮮羊肉時會被認為是一種恥辱。」他說，「當然，現在沒有任何東西需要以發酵法保存。但現在我們這樣做是為了風味。」

歷史上，辛辣的發酵肉「ræst」和更乾的風乾羊肉「skerpikjöt」在棚架停留的時間更長，島外很少有人採用這種保存方式。在十九世紀的歷史中，法羅群島美食就像法羅群島文化一樣，造訪過島上的丹麥遊客在回去哥本哈根時，經常汙名化法羅群島的美食，並聲稱這些食物是腐爛、滿是蛆蟲的肉類。

「我不認為這種保存方式會有那麼糟糕，」齊斯卡說，「但這讓我們相信，我們吃的食物不是為客人服務或為特殊場合製作的。」

KOKS 協助推動法羅群島的美食復興，而齊斯卡以提

供發酵羊脂和鱈魚的有趣方式，重新詮釋受歡迎的傳統料理。不同於用醬汁做的甜餅乾「góðarað」，它是用牛油做奶油、配上可口果醬和乳酪烤的餅乾，然後將發酵魚磨碎放在上面。「你唯一能從原菜中認出的是餅乾，但味道完全不同。」他說，「魚和牛脂就如它們本來該有的味道一樣，但其質地和在盤子上的外觀卻是完全出乎意料的。」

發酵肉只是齊斯卡為了吸引國外遊客而在 KOKS 重新創造的傳統之一。那些預訂餐廳的人必須前往離首都二十分鐘車程的萊納湖畔（Lake Leynar），在那裡他們會坐上豪華休旅車經過一條陡峭、未經修整的道路前往餐廳——這是配有傳統草皮屋頂且改造自十八世紀的農舍。

花大錢上餐廳在法羅群島仍然是很新穎的想法，更不用說發展精緻餐飲了，但 KOKS 成功在二〇一七年獲得了第一顆米其林之星，兩年後的第二次摘星則顯示，法羅群島美食可以與高級餐飲同樣的成功。之後，KOKS 的幕後推手約翰尼斯·揚森（Johannes Jensen）繼續在島上開設了其他十三家餐廳，其中包括完全致力於發酵藝術的 Ræst 餐廳。其他如卡翠娜餐廳（Katrina Christiansen）也追隨揚森的做法，以西班牙小吃 tapas 的形式提供法羅群島在地美

食。齊斯卡說：「我們讓島上的人們為我們身邊擁有的一切感到驕傲。」

KOKS 自二〇一一年成立以來，就一直致力於從群島採購所有產品。這是一種理念，不僅讓法羅群島的農產品有被看到的機會，還展示了法羅群島與周圍自然直接而堅定的關係。像齊斯卡一樣，大多數人仍然會屠宰自己的羊隻，這通常是一個全家人都會參與的過程。

「對我們來說，這本來就是獲取食物的一部分，因為不殺生就無法獲得肉。」齊斯卡說，「如果你不這麼做，那麼你就會對整個生態系統的運作方式產生錯誤的想法。」

齊斯卡認為，進口糧食到法羅群島而不是使用當地現有的糧食不是長久之計，因為這一想法不僅是與生活在這個風景如畫的群島上的五萬兩千人有關。他們在自然中的在地、直接體驗是出於必要性和對極端環境的回應，也為食物的生產和消費提供了一種更負責任和更人性化的思考方式。

「我們從法羅群島的食物處理方式中可以學到很多東西。錯過一些更好、更容易、更便宜的東西是件很遺憾的事。」齊斯卡說。

左圖
—
KOKS 座落於萊納湖谷地。餐廳主建築歷史可追溯至一七四〇年，以傳統的玄武岩牆和草皮屋頂築造而成。二〇一八年，《紐約客》雜誌稱 KOKS 為「世界上最偏僻的饕客天堂」。

上圖
—
法羅群島擁有絕美的地形景觀，吸引不少登山家前來探訪。攀岩在此算是相對新興的運動，但也具有一定的歷史淵源，因為當地人捕獵海鳥時，會循著繩索爬下海崖。

上圖
—
法羅群島人把貽貝當作魚餌,因此通常不會拿來食用。齊斯卡善用海島岩岸豐沛的天然資源,將貽貝化為美味料理,列入KOKS 菜單。

右圖
—
餐廳裡的畫描繪的是「grindadráp」,一種有組織的獵鯨活動。捕獵鯨豚被許多環保團體視為「血腥屠殺」,在島上卻是合法且受監督的行為,也是當地重要的食物來源。

左圖
—
發酵魚成功與否，取決於島上的氣候條
件：太熱魚會腐爛，太冷又發酵不起來。
難以預測的天氣讓製程面臨許多挑戰。

上圖
—
覆蓋在樺樹皮上的草皮屋頂是法羅群島的
傳統建築，冬暖夏涼，隔絕效果極佳，樺
樹則能防水。當地許多飯店和自助旅宿都
採用這種屋頂。

上圖左
—

托爾斯港（Tórshavn）是小酌一杯、觀看船舶入
港的人氣景點。法羅群島過去曾實施禁酒令，直到
一九九二年才解禁。即便到了今天，不少店家仍持
有「酒類販售半許可執照」，只賣啤酒和葡萄酒。

右圖
—

石楠能在荒野與放牧地區生長，是島上最常見的野
生灌木。KOKS 採擷石楠製成裝飾植栽，用來布置
餐桌。

更多慢食好去處

墨西哥
Flora's Field Kitchen 餐廳

由芙蘿拉農場（Flora's Farms）延伸出來的餐廳。農場本身主要供應有機農產品給聖盧卡岬（Cabo San Lucas）的度假村餐廳，廚房則提供牧場豬、雞等鄉村料理，所有食材都是自家農場種植、飼養及手工製作而來。

Animas Bajas, San José del Cabo,
Baja California Sur

烏拉圭
Restaurante Garzón 餐廳

夾在巴西與阿根廷之間的小國烏拉圭，有一座名為加爾松的小鎮，這家餐廳即落址於此，提供客人從大西洋捕撈的鮮甜海味。用餐空間所在的大型磚砌建築，過去曾是鎮上的雜貨店。

Costa Jose Ignacio, Garzón

新加坡
Open Farm Community 餐廳

這間餐廳創立的初衷，是為了將新加坡這座超級城市中的居民及其食物來源連繫在一起。餐廳有一大片栽種香草與馬蜂橙的菜園，廚房人員可以直接採摘，其他食材則從稍遠的地方取得，例如尖吻鱸就來自新加坡附近的島嶼及其上的養殖場。

130E Minden Rd

南非
Babylonstoren 莊園

距離開普敦市中心約四十分鐘車程，走進花園與酒莊，感覺就像無意間踏入有機小農的綺想幻境，懸著南瓜、充滿未來感的園圃和古色古香的大型植物綠雕躍然眼前。兩家餐廳採用的食材，皆是莊園內栽種的農產。

Klapmuts/Simondium Rd, Simondium

美國
Chez Panisse 餐廳

早在餐廳爆紅前，愛莉絲・華特斯（Alice Waters）就一直帶著滿滿的愛，在廚房裡精心烹調各式有機餐點。這間餐廳在一九七一年開業，位於加州柏克萊，堅持小量採購當地農場的有機農產品，掌握食材新鮮度，創造出舉世聞名的加州美食。

1517 Shattuck Av, Berkeley, California

荷蘭
De Kas 餐廳

阿姆斯特丹的溫室餐廳秉持「從農場到餐桌」的精神，利用水耕農法與 LED 燈，在室內園圃栽種香草與微型菜苗，全年皆可採收，成功打破北歐的氣候條件限制。若食材短缺，還可從城外廣闊的田園摘取，新鮮直送。

Kamerlingh Onneslaan 3, Amsterdam

黎巴嫩的葡萄栽培傳統是一項相當古老的產業。在陽光灑落的鄉村葡萄園梯田裡
享受一頓時間漫長的地中海午餐，例如馬赫·哈布（Maher Harb）的賽普特酒莊（Sept Winery），
搭配當地的酒，是品嘗七千年歷史的有趣方式。

漫遊黎巴嫩葡萄園

IN THE VINEYARDS OF LEBANON

賽普特酒莊位於黎巴嫩歷史悠久的海濱小鎮巴特倫（Batroun）上方，並座落於蜿蜒山路的盡頭，一邊是橡樹，另一邊是綠色山谷的全景。那裡的空氣清新，有點乾燥，散發著野生芳香草本植物如百里香、鼠尾草和奧勒岡的氣味，還有鳥兒和蟋蟀的啁啾聲。這環境為黎巴嫩唯一的生物動力賽普特釀酒廠的主理人馬赫·哈布提供了完美條件，因為可以用來培育釀造天然葡萄酒的本土葡萄。

哈布對他的工作非常有熱情，也因此讓人們注意到黎巴嫩葡萄園的價值和獨特性。他並不是唯一一位相信這片土地潛力的當地釀酒師，畢竟，這裡是世界上最古老的釀酒區之一，而小小的黎巴嫩就擁有約五十六家釀酒廠。令人驚訝的是，在一九九〇年結束長達十五年的內戰後，該國釀酒廠只有五間。大多數釀酒廠位於貝卡谷地（Bekka Valley）的高海拔平原，在那裡，可以遊覽克薩拉酒莊（Château Ksara）（黎巴嫩最古老和最大的釀酒廠，由耶穌會修士於一八五七年創建）或新的瑪雅斯酒莊（Château Marsyas），還可以參觀羅馬巴勒貝克神殿（Baalbek）遺址，其中包括一座供奉酒神巴克斯（Bacchus）的巨大神廟。

黎巴嫩的釀酒工藝比羅馬人還要古老，歷史證據顯示，早在西元前兩千五百年，腓尼基人就向埃及出口葡萄酒，毫無疑問，這些葡萄酒是用黎巴嫩本土葡萄品種釀造的。正是這些原因，黎巴嫩的現代精品酒莊正試圖讓這些葡萄品種重新引領流行。雖然大多數較老的酒莊主要使用法國葡萄，如卡本內蘇維濃（Cabernet Sauvignon）、梅洛（Merlot）和仙梭（Cinsault），但較新的酒莊則使用黎巴嫩本土的白葡萄品種，如奶油奧貝達（Obeidah）和柑橘梅瓦（Merwah）。卡佛雅酒莊（Château Kefraya）旗下的法布里斯·吉伯托（Fabrice Guiberteau）等葡萄酒釀造商正在進一步努力，試圖重新整合如 Aswaad Karech（音譯：黑卡雷克）、Asmi Noir（音譯：黑亞絲米）等已經停止使用的本土紅酒葡萄品種。

對於這樣一個小國來說，黎巴嫩的葡萄酒種類繁多，覆蓋面廣，可以在世界各地許多精品店和網路上買到。熱衷於品嘗葡萄酒的鑑賞家，通常會聰明地以葡萄酒作家麥可·卡蘭（Michael Karam）的《黎巴嫩葡萄酒》一書（Wines of Lebanon，暫譯）作為購買指南。但沒有什麼比親自去釀酒廠更好的了，在那裡，人們可以一邊品嘗葡萄酒，一邊在賦予葡萄生命的土地上放鬆。更好的方式是在

導遊的帶領下，參觀從葡萄到葡萄酒的整個釀酒過程，比如哈布的賽普特酒莊。

從貝魯特造訪賽普特酒莊最好的方式，是租輛車或包私人計程車，當你到達哈布的家園時，也會體驗到他對待客人的熱情款待。他會帶你四處走走，穿過梯田，進入葡萄樹下斑駁的陽光中，解釋它們是如何生長的。如果你餓了，他會為你做新鮮、符合時令和「帶有黎巴嫩風味」地中海食物。通常費用包括他在葡萄園附近採集的食物：野生蘆筍、韭菜和新鮮大蒜嫩芽。他將在寬廣天空下的草嶺上，以一張木桌子展開盛宴，在這裡可以俯瞰真正的地中海美景：一縷雲彩飄過綠色的山丘緩緩向下，經過閃閃發光的大海向地平線邊緣走去。當然，各種葡萄酒和有年份的酒都是精心挑選出來與食物搭配的。哈布希望品嘗過他葡萄酒的人，在品嘗過「他的山、他的黎巴嫩、他的地方風味」後離開。

賽普特酒莊是哈布的熱情所在，與其說是做生意，不如說是一種召喚。許多商人說經營任何品牌，都應該具有個人特色，但對哈布而言，經營葡萄園是他實現生活的理念。過去他放棄了在法國一份收入可觀但沒有任何理想的職業，回來耕種因黎巴嫩內戰離世的父親所留給他的田地。

回到這片土地對他來說是一個療癒的過程，同樣地，耕作的過程也療癒了這片土地。像所有的生物動力自然農法釀酒師一樣，他按照月亮的變化週期種植葡萄，目的是為了解地球的規則變化，而不是使用化學物質來催促它們按照自己的時間生長。他在葡萄藤上不使用殺蟲劑，在葡萄酒中也不使用添加劑，為的是保留最自然的風味。

近年來，黎巴嫩的局勢動盪不安。二〇一九年十月短暫的經濟回升，被新冠肺炎疫情加劇的經濟衰退所取代。貨幣貶值，許多人仍在努力維持收支平衡。二〇二〇年八月，囤放在貝魯特港口倉庫的一千八百多公噸硝酸銨意外引燃，釀成史上規模最大的非核武爆炸事件。哈布和許多黎巴嫩人一樣，對每一次打擊都感到茫然，並且努力讓自己在低谷中站起來，重新調整自己的狀態。但在整個過程中，他仍讓釀酒廠維持運轉，一如既往地依照行星和月亮週期進行播種和收成，就像黎巴嫩這片土地一樣，釀酒廠也在不斷向前邁進。

在他的梯田上，不難相信能影響潮汐的大自然強大力量，也能讓每顆葡萄滋長出嬌嫩的果皮。也可以深刻感覺到，現在這個國家看起來動盪、不可避免的一切，也只是歷史中短暫的波瀾。黎巴嫩經歷了從腓尼基、羅馬到鄂圖曼帝國的興衰，以及地震摧毀整個城市、重新形塑海岸線的劇變。造訪黎巴嫩時，可以明顯看見大自然週期賦予的學習：一切都最終都會被時間轉化為歷史的養分，並且滋養著肥沃的土壤，這是哈布希望每一瓶葡萄酒中都能品嘗到的風土滋味。

左圖
—
寧靜的納勒村（Nahle）離觀光路線甚
遠。若想多停留一段時間，不妨下榻美麗
的杜瑪之家飯店（Beit Douma），離村莊
只有十分鐘車程。

上圖
—
賽普特酒莊裡隨處可見葡萄藤與草原花卉
錯落交織。藍眼菊（如圖）等可食用的花
會被製成料理，並端到能俯瞰巴特倫海岸
線的露臺上享用。

上圖
—
哈布準備了 kebbet batata，即素食版的黎巴嫩傳統肉丸（kebbe），以布格麥（碾碎的乾小麥）、馬鈴薯、洋蔥與香料製成，最後淋上當地產的初榨橄欖油。

右圖
—
賽普特酒莊以在地食材打造出符合時令的季節菜單。黎巴嫩鄉村擁有豐富的農產品，野蒜、蒔蘿、百里香、鼠尾草、奧勒岡、野生蘆筍和韭蔥都是酒莊廚房常用的食材。

更多採行生物動力自然農法的酒莊

紐西蘭
Yealands 酒莊

位於紐西蘭南島的馬爾堡地區（Marlborough）有許多優質釀酒廠，其中又以 Yealands 酒莊最能展現出永續發展的精神。除了屋頂覆蓋太陽能板外，酒莊還利用修剪下來的葡萄藤當燃料燒水，並在葡萄園裡栽種野花，打造自然排水系統，防止土壤流失。

美國
Maysara 酒莊

酒莊座落在鬱鬱蔥蔥的奧勒岡州威拉梅特谷（Willamette Valley），來自伊朗的莫亞‧蒙塔茲（Moe Momtazi）是家中第三代釀酒師。相較之下，他的釀酒之路曲折多舛──伊朗革命爆發後，他與家人逃到海外，最終落腳美國尋求政治庇護──但他使用的生物動力自然農法與祖輩幾近相同。

義大利
Podere Le Ripi 酒莊

酒莊以一座矗立在山頂、過去用來偵察敵情的中世紀城堡為中心，是少數幾個奉行生物動力自然農法的酒廠。這裡以百分之百蒙塔奇諾產、別名「邱比特之血」的山吉歐維榭葡萄（Sangiovese）來釀造陳年布魯內洛紅酒。該區黏土峽谷（ripi）遍布，讓當地產的葡萄酒多了一絲獨特的礦物香。

澳洲
Krinklewood 酒莊

從觀光區的普羅旺斯花園，到以拉斯科（Lascaux）洞窟壁畫為靈感的公牛酒標，在在可見這座酒莊是以經典的法國葡萄園為藍本。然而，這裡產的葡萄酒卻不是這麼回事：除了經典的夏多內（Chardonnay）外，還有半甜的榭密雍（Semillon）和以馬德拉葡萄（Madeiran）釀成的維德侯（Verdelho）。

智利
Emiliana Vineyards 酒莊

智利規模最大、實行生物動力自然農法的酒莊。葡萄園裡漫步的羊駝不只看起來可愛，牠們的排泄物還能當成肥料滋養葡萄，形成一個酒莊內所有動植物與人和諧共生的生物動力生態循環系統。

法國
Fondugues-Pradugues 酒莊

該酒莊特地選擇在夜晚和清晨時採收葡萄，以精細工法混釀出印有編號的限量酒款。根據生物動力自然農法的原理，這麼做能讓葡萄盡量保持涼爽，以免聖托佩的溫暖氣候破壞了葡萄酒細膩的色澤和風味。

在寧靜的凱泉鎮（Ketchum），每一條路都通向廣闊的愛達荷州荒野。
探險越野賽車手蕾貝卡‧羅許（Rebecca Rusch）發現，在碎石路上騎行既是探索該州廣闊、
美麗偏遠地區的一種令人興奮的方式，也是一種離開現實生活的方式。

愛達荷州單車騎旅

IDAHO BY BIKE

　　站在凱泉鎮市中心，朝任何方向走幾個街區，你就可以到達小鎮的邊緣。七十五號公路是唯一一條連續鋪設的道路，能一路順暢通行。離開城鎮後，其餘的道路很快就變成了泥地。在愛達荷州中部的這一小片狹長地帶，這裡曾經是休休尼族（Shoshone）和班諾克族（Bannock）的家園，你只需幾分鐘的路程就可以到達廣闊的鋸齒國家森林（Sawtooth National Forest）、薩門夏利斯國家森林（Salmon-Challis National Forest），以及世界上最古老的滑雪勝地之一。自行車可以穿越茂密森林、上下山路和開闊的平原，幾乎比其他交通工具更快、更遠地把你帶到荒野中。

　　當職業冒險賽車手蕾貝卡‧羅許於二〇〇一年首次踏上凱泉鎮之旅時，她確定自己不會喜歡愛達荷州。她來自芝加哥，自一九九六年以來一直在西部騎車，並且進行勘查、越野探險，以及住在她的紅色福特野馬越野車「貝蒂」中。關於寶石州（愛達荷別名），她真正了解的只有它是馬鈴薯的產地（美國約百分之三十的作物是在愛達荷州種植的）。但在離凱泉鎮大街步行不遠的地方，她的世界突然敞開了，周圍的群山高聳入雲。「從地理和人類的角度來看，這就像一個擁抱。」她說。

　　起初，羅許並沒有意識到她偶然發現了一個越野自行車天堂。因為光是在當地範圍內，數百條小徑就約有三百二十二公里長。她最喜歡的是一些簡單的路線，比如哈里曼小徑（Harriman Trail），這是一條三十一公里長的碎石路，從鋸齒國家森林遊樂區中心（Sawtooth National Recreation Area Headquarters）一直延伸到加利納山莊（Galena Lodge），而五十六公里的加利納山莊路線系統因為曲折的單一路線，是最有挑戰性的部份，四十二公里的亞當斯隘谷（Adams Gulch）路線系統就在她家後面。

　　回到二〇〇一年，騎車在當時是她最不喜歡的冒險比賽，因為這會要求參賽者划獨木舟、健行、攀登，以及穿越崎嶇的地形。但二〇〇四年她目睹一位朋友在一場比賽中去世，加上贊助資源枯竭，於是她開始尋找新的熱衷事物，並在凱泉鎮找到它。「這是一個令人驚嘆的開放空間，也是一片未開發的廣袤仙境，小鎮上有一群非常友善的人，他們都是超級運動健將，立刻就歡迎我的到來。」羅許說，「我一下子就覺得自己不是陌生人。我不是訪客。」

　　當地自行車手接受她的加入，並認為她只要學會愛上自行車，可能就非常適合參加耐力賽。到二〇〇五年十

月，羅許參加了猶他州二十四小時莫亞布（Moab）登山車越野賽「Ketchum If You Can」隊的比賽。在接下來的十年裡，她很快就在自行車界打出一片天：她連續四年贏得了萊德維爾（Leadville Trail）一百英里（一百六十一公里）登山車越野賽冠軍，二〇一六年，她一路騎到坦尚尼亞的吉利馬札羅山頂，二〇一五年騎到東南亞的胡志明小徑（Ho Chi Minh Trail），尋找她父親的飛機在越戰中失蹤的地方。二〇一九年，她入選登山車名人堂。她談到自己的成就時說：「對於一個不會騎自行車的女孩來說，這真是太神奇了。」

為了分享她在凱泉鎮發現的事物，二〇一三年，羅許發起了自己的比賽：蕾貝卡的愛達荷州私人賽（Rebecca's Private Idaho，簡稱RPI）。這項比賽在每個勞動節週末舉行，RPI是一個充滿礫石、磨石子，主要在泥土上行駛的路線。羅許選擇砂石車（gravel），是因為它模糊了公路自行車和登山車之間的界限，也因為砂石車非常適合冒險，所以在任何地方幾乎都可以騎乘砂石車。如果你想租或買自行車的設備和衣服，羅許推薦主要大街上的Sturtevants

戶外運動用品店，你會在幾個街區內找到其他六家自行車店，在那裡你可以找到需要的一切。

羅許的活動起訖於太陽谷路（Sun Valley Road），這是一條柏油路路線，當它進入凱泉鎮東北部的荒野時，就變成了徑溪路（Trail Creek Road），這是一條四百三十公尺長的蜿蜒泥濘山路，在返回途中，沿路是一條沒有護欄的困難狹窄下坡路，視野非常壯觀，有著吸引人的美景。不到一百五十年前，木車穿過這個危險的通道，將礦石從夏利斯市（Challis）的礦山運往凱泉鎮的冶煉廠。這是通往薩門夏利斯國家森林（Salmon-Challis National Forest）的大門。愛達荷州的國家森林覆蓋面積超過八百萬公頃，占其表面積的百分之三十八。灰熊、麋鹿、大角羊、駝鹿和灰狼仍在這些土地上漫遊。

羅許希望人們先來凱泉鎮參加她的比賽，但可以留下來，或者再回來進一步探索這個地方。「當你越過了那條線，會真的覺得自己回到了一百年前。」她說，「沒有房子，只有空地的地方。」

左圖
—
「小城鎮，大生活」是凱泉鎮的座右銘。多
年來，這座城鎮不斷有名人造訪，例如傳奇
作家海明威（Ernest Hemingway）晚年就
住在這裡，死後亦於當地墓園長眠。他的故
居現在作為作家駐村工作室使用。

上圖
—
羅許從卡羅步道口（Carol's Trailhead）停車場出發，
沿著谷景小徑（Valley View Loop）往前騎，這條路
線較短，很適合登山車新手。騎行途中可以看見下方的
深谷及荒山（Bald Mountain）、巨岩山脈（Boulder
Mountains）和先鋒山脈（Pioneer Mountains）。

上圖
—
羅許在太陽谷滑雪度假村（Sun Valley
Resort）的公共開放空間沿著一條小路前
行。太陽谷是知名的滑雪勝地，但也有許多
單軌登山車路線，總長近六百四十四公里。

右圖
—
洛磯山脈最高峰終年積雪，凱泉鎮的天氣
卻變化多端。夏季乾燥溫暖，天空清澈，
但夜晚氣溫可能會顯著下降，多帶件外套
準沒錯。

更多越野單車探險路線

**奧地利
提羅爾邦（Tyrol）**

提羅爾擁有層巒疊嶂的地形景觀，是典型的高山地區。在愛好運動的人眼中，這裡冬天可以滑雪，夏天可以騎單車。白晝漸長之際，山間野花盛開，高山牧場、嶙峋群峰與林木繁茂的山坡生機盎然，在車輪歡快的疾轉聲中更顯活躍。

**吉爾吉斯
絲路**

若想騎單車沿著吉爾吉斯東南部探索古絲路，別擔心沒機會休息：中國檢查哨延伸至吉爾吉斯境內，行經的旅人必須停下來讓警察檢查簽證。你會發現，一個人騎旅獨享這些山路很值得。

**美國
聖馬可斯（San Marcos）**

聖地牙哥以北的大學城聖馬可斯規劃了總長超過一百一十三公里的休閒自行車道，其中三分之二已竣工。這一區有許多湖泊和池塘，披覆著常綠硬葉灌木群落的丘陵溫和起伏，形成小巧的山峰，在南加州的陽光下閃爍著晶亮。

**摩洛哥
亞特拉斯山脈（Atlas Mountains）**

翻看去馬拉喀什度假的照片，發現背景屹立著拔地參天、白雪皚皚的群峰？那是高亞特拉斯山脈（High Atlas Mountains）。山區裡有幾條陡斜的碎石登山車路線，行經柏柏人的小村莊與國家公園，可以看見布滿紅色與橘色條紋的岩石山脈。

**紐西蘭
科羅曼德（Coromandel）**

科羅曼德位於紐西蘭首都奧克蘭以東的半島，交通非常便利。霍拉奇鐵路步道（Hauraki Rail Trail）沿著古老的金礦開採路線蜿蜒前行，坐擁岬灣遍布的迷人海景，是這裡最熱門的步道。

**南非
斯瓦特山脈
（Swartberg Mountains）**

二十七公里長的山路，穿過世界上最美麗的隘口。你可以維持悠閒的步調騎行，欣賞不同的地質景觀，但急彎處記得放慢速度。這片山區同時也是許多鳥類的家，沿途不妨留心觀察，尋找林鵰的蹤影。

藍嶺鎮（Blue Ridge）是阿帕拉契地區（Appalachian）的一個迷人小鎮，它被稱為「亞特蘭大的後花園」或「喬治亞州的鱒魚之都」，這取決於你向誰詢問。對於那些尋求後者的人來說，比如飛蠅釣者比爾·歐斯特（Bill Oyster），這裡的河流提供了全年的運動類型和隨之而來的沉靜思考。

喬 治 亞 州 的 飛 蠅 釣 魅 力

FLY-FISHING IN GEORGIA

到了十八世紀末，喬治亞州北部阿帕拉契山純淨甘甜的泉水吸引了遊客前往藍嶺鎮及其周圍地區。今天，遊客來到河岸可能還有另一個原因：釣魚。

托寇瓦河（Toccoa River）從田納西州南部沿藍嶺鎮邊緣流入喬治亞州。一年的十二個月中，這裡的水溫都是溫和的，這吸引了來自世界各地源源不絕的垂釣者到這裡釣虹鱒和褐鱒。

「這不像在船後拖網捕魚，在那裡你可以和船長一起外出，只需坐在椅子上，以釣竿捲起你可能首次打破的世界紀錄，而且你往往會得到你應得的東西，」當地的垂釣者和世界著名的飛桿工匠比爾·歐斯特說，「在飛蠅釣的世界中，你投入的越多，你得到的就越多。」

在藍嶺的主街上，歐斯特的「Oyster Fine Bamboo Fly Rods」釣具店兼工作室是受當地人和遊客歡迎的據點。樓下，垂釣者們圍著壁爐交流，樓上，一間安靜的四居室旅宿接待著歐斯特的朋友、客人和顧客。儘管這座建築是特地建造的，但它的風格與鎮上歷史中心的風格相呼應，並讓人想起該地區鐵路的歷史。曾經運送木材和採礦物資的火車仍在它後面行駛，現今沿著托寇瓦風景如畫的河岸運送遊客。

這家主街商店是南卡羅萊納州出生、從喬治亞州移居至此的歐斯特，用十九世紀的技術製作傳統飛蠅釣具的地方。它們由比頭髮還細的竹條精心製作而成，用絲線捆綁，以刻有鎳銀的五金裝飾，耗時四千兩百五十個小時完成，並且花費數千美元。有些是為熱衷釣魚的人量身定制，他們以名人、小說家、億萬富翁或國家元首的雙重身分生活，從英國皇室到美國前總統卡特（Jimmy Carter，喬治亞州人）都有。歐斯特還有製作釣竿的課程，而且必須預先在一年多前報名。

歐斯特在世界各地捕魚，地點從巴塔哥尼亞（褐鱒）到巴哈馬（海鰱），但他說，在藍嶺附近的杜鵑花和山桂花叢生的樹林中，飛蠅捕魚有著獨特的魅力。

一些垂釣者喜歡在漂流船上「浮釣」，有些人則涉水到較小的溪流中，有的區域屬於放養管理，有的則是自然野生區。歐斯特說，那些剛剛開始飛蠅釣的人，以及那些希望從圈內人口中知道熱門釣魚景點的人，將從導覽手冊中獲得許多資訊。人們也可以像他一樣，透過研究書籍（或 YouTube 影片）學習基礎知識，需要掌握的重要技能

包括優美地輕甩或快速挪動釣桿，以及如何選擇飛蠅——由羽毛、毛髮和毛皮組合成像鱒魚在特定季節、天氣甚至光線下追逐的幼蟲和昆蟲。藍嶺飛蠅釣學院（Blue Ridge Fly Fishing School），過去會在每週為初學者提供三個小時的入門課程和全天的戶外導遊，包括提供裝備。也可以在 Cohutta Fishing Company 飛蠅釣具店雇用導遊，該店與歐斯特的店面共用一堵十九世紀的磚牆。

除了掌握基本知識和釣具（個人裝備）外，垂釣者還需要獲得釣魚許可證，並密切關注影響水道的當地大壩放水計劃。此外還要遵守河流禮儀：即確保釣魚同伴能夠不受干擾地釣魚。歐斯特說：「你有你的經驗，但你也要讓其他人都能按照他們想要的方式去做。」

同樣重要的是，社區有共享漁獲和放流的精神：「一旦你把魚從環境中帶走，不僅對魚有害，也意味著你之後的人無法享受釣魚樂趣，」他說，「如果你釣到了那條魚並帶走牠，那麼你的兒子或女兒之後就無法在那裡和你有一樣的體驗。」

對歐斯特和他的許多鄰居來說，這是一種「完美的嗜好」，不僅因為它培養了體貼、注重環保的運動精神，而且因為人們可以用快速、且負擔的起的方式學習它，所以無論在其中投入多少年，它都是一項永遠可以繼續學習的運動。他說：「每次你去，你都會學到一些新東西，每學到一件新東西，背後都有一些新挑戰要學。」而這種伴隨著無法保證的完美，可以讓我們擁有放鬆且從不同角度思考的能力。

「沒有人因為它是最容易、最簡單、最有效率或最便宜的捕魚方式而喜歡飛蠅釣，」歐斯特說，「但是作為一名職業和天生的藝術家，我欣賞它的藝術性，因為它是一項美的運動。」

左圖
—
Noontootla 溪流經藍嶺城郊。這座山城不
僅地點方便到達，適合進行戶外活動，還有
蓬勃發展的藝術社群、啤酒釀酒廠和餐廳。

上圖
—
根據當局特別制定的管理條例，幾乎所有
在 Noontootla 溪釣獲的魚都要放流。因
此這裡的鱒魚比一般野生魚類更大，環境
也比其他釣點清靜。

上圖
—
鱒魚飛蠅釣餌是一種人工假餌，多由羽
毛、毛髮和毛皮等材料製成，用途在於模
仿昆蟲，引誘魚兒咬食。

右圖
—
釣到鱒魚後，必須用撈網將魚安全地帶上
岸，避免讓牠承受額外的壓力。

左圖
—
奧科尼湖（Lake Oconee）座落在契洛基國家森林（Cherokee National Forest），位於田納西州與喬治亞州交界處，是該區另一個熱門釣點。

上圖
—
喬治亞州嚴格規定釣客每天只能帶走一條鱒魚，每年上限三條。

更多飛蠅釣地點

蒙古
德勒格爾河（Delger River）

哲羅鮭是鮭魚家族中體型最大的魚種，可以活到五十歲，身長可達一百五十公分。如果想挑戰哲羅鮭，蒙古的德勒格爾河是最佳捕釣去處。這些龐然大物咬住飛蠅後的力道之猛，堪稱樂趣所在——總之抓緊釣竿！

玻利維亞
齊曼內（Tsimane）

齊曼內是玻利維亞最主要的飛蠅釣點，有機會釣到巨型黃金河虎等值得拍照留念的魚。從溪流遠眺，亞馬遜雨林與安地斯山脈交織而成的風景也很美。

挪威
高拉河（Gaula River）

如果想釣到值得紀念的鮭魚，挪威高拉河或許能實現你的夢想。六月初是捕釣大魚的絕佳時節，超過九公斤的魚在這裡並不罕見，有些幸運兒甚至曾捕獲重達十八公斤以上的鮭魚。

澳洲
塔拉利亞（Tarraleah）

塔斯馬尼亞州的塔拉利亞鎮有許多運河，形成一片錯綜複雜的水路網絡，雖沒有龐然大魚，卻是練習甩竿的好地方。這片水域只有鱒魚棲息，不像塔斯馬尼亞其他釣點，可以捕捉到鰻魚。

埃及
納賽爾湖（Lake Nasser）

一九六〇年代，埃及南部的亞斯文（Aswan）沿著尼羅河畔進行大型水壩工程，納賽爾湖就此誕生，成為世界上最大的人工湖。這裡的鱸魚大到不可思議，據傳有些潛游在深處的魚甚至超過九十一公斤。

日本
阿寒湖（Lake Akan）

阿寒湖位於日本北海道東部，原始僻靜的荒野與自然生態，孕育出彌足珍貴的白斑紅點鮭與紅鉤吻鮭。此外，這一帶還有許多天然溫泉（露天風呂），浸在冷冽溪流中數小時後，不少釣客都會順道泡湯，滌淨一身的疲憊。

除了九百萬居民外，倫敦還有三百種鳥類。對於好奇的賞鳥者如賞鳥團體「Flock Together」
創始人奧利·奧拉尼佩肯（Ollie Olanipekun）和納迪姆·佩雷拉（Nadeem Perera）而言，
一副望遠鏡就是對這座知名城市進行全新觀察所需的全部。

英 國 首 都 賞 鳥 趣

BIRDING IN THE BRITISH CAPITAL

　　大多數人不會把賞鳥與倫敦連結起來。對一般遊客來說，英國首都意味著商業、文化和歷史，而不是鵜鶘、紅隼和成群的亮綠色鸚鵡。但倫敦其實是一座充滿野生動物的城市。

　　它有一個龐大的公園網絡，令人驚訝的是，城市的百分之十八是由公共綠地、泰晤士河及其支流蜿蜒穿過城市，這也為水上野生動物提供了生活環境。這座城市也由大倫敦地區三百多萬個私人花園組成，民眾無法進入，但許多以倫敦為家的鳥類卻在這裡棲息。

　　二〇二〇年六月，兩位業餘賞鳥者奧利·奧拉尼佩肯和納迪姆·佩雷拉成立了一個名為「Flock Together」的賞鳥團體，向有色人種的年輕人展示這座城市所能提供的一切。從那時起，這個團體在倫敦各地舉辦郊遊，受歡迎程度成倍增長。雖然奧拉尼佩肯、佩雷拉和他們的許多成員都是倫敦人，但不必住在倫敦（或成為團體成員）就可以參加他們的賞鳥之旅。

　　在 Flock Together 安排的郊遊中，大多數人對賞鳥活動都比較陌生，創始人則熱衷於將其塑造成一種容易親近的嗜好。他們強調，賞鳥是任何人都可以享受的，無論是獨自一人還是在旅遊途中——當然，若有一位專業導遊、一些研究和合適的設備都會帶來不同的感受。奧拉尼佩肯建議，在倫敦外出一天，通常會配合英國天氣穿防水的衣服和鞋。「《柯林斯鳥類圖鑑》（*Collins Bird Guide*，暫譯）是我們的聖經。」他說，最後，還需要一副像樣的雙筒望遠鏡：「一副三十英鎊（約四十美元）的好望遠鏡就夠了。」

　　奧拉尼佩肯和佩雷拉都散發著溫和的智慧和大方的氣息，並對他們的家鄉有著啟發人心的看法。他們很了解倫敦，在這裡住了十五年，但他們並不認為這是理所當然的。他們研究每條路線，在組織郊遊之前自己會去現場走幾個小時。

　　「倫敦東北部非常適合賞鳥，」奧拉尼佩肯說，他對首都這一地區豐富多彩的景觀充滿了熱情。他和佩雷拉都居住在這個地區，哈克尼（Hackney Marshes）與沃瑟斯托（Walthamstow Marshes）兩座濕地公園將倫敦與更廣闊的利河谷（Lee Valley）連接起來，利河谷是一個長四十二公里的線性公園，沿著利河（River Lea）一直延伸到哈特福郡（Hertfordshire）。

　　佩雷拉還建議去倫敦南華克自治市（Southwark）的

錫登納姆丘森林（Sydenham Hill Wood），在那裡他記起了一次令人印象深刻的景象。「當時我在想，『那到底是什麼？』」他說。再走近一點，他看到那是一隻禿鷲——一種大型食肉鳥，翼展可達一百二十公分。「大家都倒抽一口氣，」他說。當討論到大家看見這項事件的反應時，兩人都興奮起來。佩雷拉說：「當我把我的技能用於觀察一隻鳥，而這隻鳥為每個人留下了深刻的印象，那就是個美好的一天。」

這兩人在旅途中看到了各式各樣的鳥，從聖詹姆斯公園（St. James's Park）的鵜鶘到里奇蒙（Richmond）的紅隼。然而，重要的是，他們相信賞鳥的意義不僅僅在於你能通過雙筒望遠鏡看到什麼。奧拉尼佩肯說：「大自然不僅僅是你所看到的。」佩雷拉同意這一觀點，並補充，他想挑戰自然愛好者或自然本身應該是什麼樣子的想法：「人們看著我們，想知道我們為何能成為賞鳥者。」他說。

「我們正試圖改變人們對自然的看法，即不必花兩個小時開車穿過鄉村小巷、茅草屋和大批白人農民。」奧拉尼佩肯說，「因為倫敦很美。」

兩人透過賞鳥，希望人們改變他們對城市的看法，同時也改變他們自己。另外還有一個重要的教育性層面：佩雷拉教導年輕的鳥類觀察者有關生態系統的知識，奧拉尼佩肯則鼓勵他們貼近倫敦的綠地。「我們都在改造空間，以便與大自然接觸，但沒有人擁有它。」他說，「這就是我們向人們推廣的目標。」

透過這樣做，居民和遊客都能用從未有過的方式體驗倫敦。在繁忙的大都市裡，Flock Together 的存在也有強大的情感元素——一處安全的社交空間。奧拉尼佩肯說：「這裡以對鳥類的熱愛為基礎，但它也是一個支持有色人種的團體，並以大自然作為療癒的源泉。」

他解釋了 Flock Together 是如何從二〇二〇年的創傷事件中誕生的。「在有色人種比以往任何時候都需要更多支持的時候，我們相互吸引彼此的到來。」他說。佩雷拉同意這項說法，他們一直在研究如何以最好的方式提供會員福利，並對未來抱持樂觀態度，如今他們在紐約和多倫多設有分支，還有更多分支有待展開。

歸根究柢，這些做法都是一種善意的訊息，無論你身在何處，都可以被欣賞並實踐自己的想法。「如果沒有大自然，我們今天就不會在這裡了。」佩雷拉說，「我們只想向我們團體的其他人分享這一點。」

左圖
—
Flock Together 在紐約和多倫多皆有分
會,歡迎造訪這些城市的有色人種加入。
也許在你讀到這段文字的當下,他們的社
群又進一步擴張,持續壯大。

上圖
—
利河谷綠地綿延四十二公里,交通非常
方便。你可以在哈克尼維克(Hackney
Wick)、克拉普頓(Clapton)或托特納
姆哈爾(Tottenham Hale)地鐵站下車,
步行至公園,或是搭公車前往河濱步道。

上圖
—

疣鼻天鵝是英國體型最大的飛鳥，翼展長
度可達二‧四公尺。謠傳英國境內的天鵝
屬於女王所有——完全沒這回事，但牠們
的確是保育類動物，不可隨意獵殺。

右圖
—

倫敦有許多公園和公地（commons）讓愛
好野外自然的人探索。「公地」一詞可追溯
至中世紀，當時沒有地產的貧民可以使用公
有地，現指未開墾且相對原始的公共開放地
區，如圖中的沃瑟斯托濕地公園即為一例。

更多鳥類友善城市

芬蘭 赫爾辛基

赫爾辛基附近的濕地座落著許多隱蔽的賞鳥屋、賞鳥塔和自然保護區，大多都可騎單車或搭乘大眾交通工具抵達。春季可以看見北極雁、水禽等來自北極的候鳥，聽見歐歌鶇、葦鶯和濕地葦鶯悅耳優美的鳴唱。

印度 德里

對歐亞大陸鳥類來說，溫暖的印度是過冬的理想棲所。牠們從遙遠的西伯利亞飛越喜馬拉雅山，在德里周邊的濕地落腳。在西伯利亞貝加爾湖（Lake Baikal）避暑的水鴨是夏季特別的景象，其中公巴鴨眼周有個明亮的綠色新月，極其美麗。

中國 上海

上海是座沿海城市，隨處可見有趣的鳥類。城裡的世紀公園棲息著許多黃腹山雀、紅脇藍尾鴝和黃尾鴝。若想來場極致的賞鳥之旅，不妨去上海市以南約八十公里處的南匯嘴，這裡是中國最有名的賞鳥地點，可以看到紫綬帶鳥和藍歌鴝在其中飛翔。

德國 柏林

柏林有將近三分之一覆蓋著茵茵綠地，是鳥類（和愛鳥人士）的天堂。蒼鷹和雲雀在提爾公園（Tiergarten）等地棲居繁衍，而將城市一分為二的斯普雷河（Spree River）沿岸，不時可見夜鶯的身影。

阿根廷 布宜諾斯艾利斯

南濱（Costanera Sur）距市區以南約十分鐘車程，是布宜諾斯艾利斯最重要的自然生態保護區，很適合賞鳥。春天清晨來訪，有機會一窺輝腹翠蜂鳥、花面蚋鶯、栗虎鷺和冠叫鴨的風采。

盧安達 吉佳利

盧安達首都吉佳利是非洲綠地最廣的城市之一，賞鳥迷可以來此親覯瀕臨絕種的灰頸冠鶴及難得一見的白領綠背織雀。尼亞魯塔拉馬湖（Nyarutarama Lake）也是許多東非與中非水生物種的家園。

超 越 永 續

BEYOND SUSTAINABILITY

　　很久以前，我發現自己沿著一條彎彎曲曲的道路，穿過日本主要島嶼之一四國島上遙遠的祖谷（Iya Valley）。我的目的地是一個叫篪庵（Chiiori）的茅草農舍，它高高地棲息在雪松和竹林中的山腰上，看起來有點像一頂古老的莎草帽，俯瞰著一個山谷，霧氣繚繞，形成了一幅宋代繪畫的壯麗效果。祖谷被群山環抱，是十二世紀內戰中戰敗的平氏武士集團的堡壘。當日本在十七世紀與世界其他地區隔絕，同時大概是篪庵被建造時，祖谷在政治和地理上都被孤立了。它成為群島的三個「隱藏區」之一，對大多數遊客來說，它仍然是遠離人煙的地方。

　　但祖谷提供了許多現代度假村所缺乏的東西：提升當地價值的機會。我加入了一個工作人員和志工團隊，修剪蒲葦草用來重新填充屋頂。這是為這座有三百年歷史的住宅及其當地社區做出貢獻的一個小方法，因為當地社區受到人口減少和剩餘人口迅速老齡化的嚴重打擊。

　　艾力克斯·柯爾（Alex Kerr）是一位作家、藝術家和環保主義者，他於一九七三年買下了這座廢棄多年的農舍。他花了幾十年的時間修復和維護意為「竹笛之家」的篪庵，並在充滿雲霧的小屋接待了許多遊客，身分從背包客到高級官員都有。雖然篪庵不再接受志工，但它是由一個致力於可持

續旅遊和振興當地社區的非營利組織運營的。「在祖谷，我們擁有一個瀕臨衰敗的村莊，並賦予它一些生命力，而不是透過引入大型旅遊巴士和一大群人。」柯爾說，「如果做得好，旅遊業對當地人、其產生的文化、當地的歷史甚至自然環境都有好處。因為質量勝於數量。」

柯爾還修復了日本遊客較少地區的一些其他房屋，如小值賀町。他的做法與聚集在京都寺廟和該國其他大景點的遊客產生了對比，因為日本希望到二〇三〇年，能吸引六千萬名遊客（超過其人口的一半）。在日本另一個不易抵達的地區，被聯合國教科文組織列為世界遺產、由茅草農舍組成的白川鄉合掌村，擠滿了一車車的一日遊遊客。但每位遊客花費的錢很少，可能是買紀念品或自動販賣機飲料。柯爾估計，一位客人在祖谷過夜的花費就是當地經濟的二十五倍。

柯爾的理念類似於近期某些旅遊的作法，它們在不同地方被稱為生態旅遊、綠色旅遊、永續旅遊等等。他指出，吉卡安洛・戴爾拉（Giancarlo Dall'Ara）的分散型旅館運動（Albergo Diffuso）可追

「如果做得好，旅遊業對當地人、其產生的文化、
當地的歷史甚至自然環境都有好處。」

溯到一九八〇年代，該運動旨在通過分散的遊客住宿來復興義大利歷史悠久的村莊。如今，人們越來越熱衷於所謂的再生旅遊（Regenerative Travel），而這種旅遊方式旨在提升一地的價值，而不僅僅是保護環境。在新冠病毒大流行後，迫使人們重新思考旅遊的方式，其中包括永續性問題，以及破壞了從長灘島到巴塞隆納觀光景點的超限旅遊（Overtourism或稱為過度旅遊）。

「Future of Tourism」成立於二〇二〇年，由六個非政府組織和大約五百個簽署方組成，包括希爾頓酒店集團、世界野生動物基金會（World Wildlife Fund）和不丹旅遊局（Tourism Council of Bhutan）。Future of Tourism未來的目的是致力公平分配旅遊收入、減少氣候影響和堅持實踐永續旅遊等原則。喜馬拉雅山麓的小國不丹就是一個很好的例子，並且呈現謹慎的旅遊政策可以實現的目標：幾十年來，它限制了遊客的數量，要求大多數遊客跟隨有導遊的導覽。這不僅預示了我們今天所知道的永續旅遊業狀態，而不丹的發展方向也正改變了聯合國二〇三〇年永續發展議程。

另一個例子是「Regenerative Travel」，這是一家成立於二〇一九年的代理機構。它與一批遵守社會和環境原則的酒店合作，如與環境相結合、對當地社區包容和平等，並顧及該地和客人的福祉。「再生旅遊旨在為環境和社區創造更好的生活條件。」該公司的聯合創始人兼品牌總監亞曼達·何（Amanda Ho）表示，「為了從永續發展過渡到可再生發展，你有一個完整的系統方法為所有利益相關者創造永續經營附加價值，包括土地、人民和社區以及野生動物。」

她指出，該機構最新的度假勝地之一，位在加拿大紐芬蘭的福戈島旅館（Fogo Island Inn），就是再生原則發揮作用的一個例子。這家引人注目的海濱住宿酒店貼上了由當地慈善機構「Shorefast」開發的營養經濟標誌，證明了其運用收入的方式和地方：運營盈餘被重新投資於社區，二〇一八年社區獲得了該項目約百分之六十五的經濟效益。「目前旅遊業的營運方式是永續的，」亞曼達說，「新冠病毒疫情大流行迫切提醒著我們，需要修復我們對環境和社區造成的破壞。」

那麼旅行者應該怎麼做呢？那就是想想他們的旅遊足跡，柯爾說：「我一直想去加拉巴哥群島，但我去那裡對加拉巴哥有好處嗎？可能沒有。我能為加拉巴哥做的就是不去那裡。還有哪裡需要我？迪士尼樂園？涉谷站前十字路口？如果我來來去去，會對它們有衝擊嗎？不會。但在祖谷還是小值賀町呢？絕對會，這些是真正需要我們的地方。既然你一年可能可以去一個地方，那就去需要你的地方。這是我的新理念。」

凡 走 過 , 不 留 下 痕 跡

LEAVE NO TRACE

　　一八四五年，當包覆麻州康科德鎮（Concord）的冰蓋開始融化時，美國作家亨利 · 大衛 · 梭羅（Henry David Thoreau）隱居到了樹林中。在一個小冰川湖旁邊，他用回收的材料建造了一間只有一個房間的小屋。雖然他與朋友、家人的距離不遠，但他也會花時間覓食和釣魚，記錄他與林地動物的互動，觀察自然界的季節變化。兩年後，他離開了林地小屋；十年後，他匯集那個獨居時期的散文，《湖濱散記》（Walden或Life in the Woods）出版了。

　　對於當今的戶外愛好者來說，梭羅堅持自給自足和對大自然的看法為荒野思考提供了基礎。梭羅在《湖濱散記》中寫著：「我們需要荒野的滋養。」這種情感激勵著無數的都市人將他們的速霸陸（SUBARU）汽車裝上休閒裝備，前往偏遠地區尋求自我療癒。對於那些負擔得起的人來說，這些探險活動已經變得越來越遙遠：蘇格蘭高地有貝爾生存訓練營（Bear Grylls Survival Academy），芬蘭有野營假期，還有前往喜馬拉雅山營地的嚮導健行。但是現在有這麼多人在尋求同樣的慰藉，我們如何確保我們的漫遊是可靠的呢？

　　在十八世紀之際，世界上只有十億人，他們分散居住在廣袤無垠的大自然中。像梭羅這樣的自

　　然主義者可以毫不猶豫地砍掉樹枝，生起營火。但當代熱愛自然的人卻被其他七十七億的人壓縮到生活空間。為了應對人口激增和自然土地隨之減少所帶來的挑戰，出現了一套稱为「無痕山林」（Leave No Trace，簡稱LNT）的最小影響原則，為這些進入野生地區的行動提供了規範。

　　科羅拉多州立大學環境倫理學與哲學教授肯‧蕭克利（Ken Shockley）解釋說：「『無痕山林』是一種指導方針，能最大限度地減少人類不得不進入環境的控制方式。」每年，蕭克利都會帶一群學生去野外進行為期兩週的旅行。在提供每位學生一張概述LNT原則的小卡片後，他觀察到最好體現這些簡單規則的方式，像是從預先規劃到適當處理垃圾，會積極影響他們的行為。「這有一個特

別的好處，可以讓人們對他們正在做的事情三思。」他說，「這些都是模糊的規則，無論是否有特定目的，它們都會激發個人反思。」

「無痕山林」是一種強調保護野生動物免受人類不當影響的重要性理念。這象徵著美國對該國荒野地區的早期態度有顯著轉變，因為直到十九世紀，這些態度基本上都是消極的。蕭克利說：「對荒野的看法是一種受文化制約的概念。」當早期的歐洲殖民者試圖征服荒野和居住在那裡的原住民來建立一個新的國家時，其殘酷的手法引發了恐懼。後來，梭羅和他的同時代人把荒野理想化為一個具有深刻精神和審美意義的地方。到了一九五〇年代，由於新的州際公路突然提供了通往偏遠地區的便捷通道，於是自然成為了休閒活動的中心。接著，煤氣爐和合成帳篷等創新設備也被推向了市場。突然間，這片荒野不僅變得容易接近，而且還提供人們些許慰藉。

作為該國文化意象的一部分，這些自然空間開始受到熱烈歡迎，也承受過度擁擠的衝擊。後來約翰·繆爾（John Muir）和奧爾多·李奧帕德（Aldo Leopold）等自然資源保護主義者發起的荒野倫理出現，這是建立在梭羅崇高的自然觀之上，用來推動保護公共土地的觀點。他們的努力隨著一九六四年「荒野法」（Wilderness Act）通過而被編纂成文，該法案宣布荒野是「一個地球及其生命共同體不受人類干擾的地區，在這裡，人類本身是一個不會留下來的訪客。」正是基於這種環保意識的定義，於是他們早在七〇年代就開始制定關於「無痕山林」的初期內容，比如分發關於「荒野規則」的小冊子。

一九九九年，無痕山林環境倫理中心（Leave No Trace Center for Outdoor Ethics）正式發布了一套指導原則。這七個原則中每一個都涵蓋了與戶外活動相關的特定主題：充分的提前規劃和準備；在耐踏的地面上旅行和露營；妥善處理垃圾；不要拿走任何屬於當地的資源；將營火對環境的影響降至最低；尊重野生動物；並尊重其他山友。在這些大結構下，也提供了更詳細的訊息：呼籲露營者準備可以在便攜式露營火爐上烹煮一鍋到底的餐點，圍繞在露營地現有的營火，購買融入周圍環境的土色帳篷。

近年來，有人呼籲「無痕山林」納入第八條原則，以應對社群媒體的影響。因為自Instagram問世以來，「戶外網紅」迎來了一批新的戶外愛好者類型，因為他們向廣大追蹤者分享那些在大自然中令人夢寐以求的照片。當這些照片被標記地理位置時，一個隱密的地點可能會突然吸引人群的注意力。

「我建議我們把社群媒體的地理標記看作是第二波問題，更普遍地說，它與普遍濫用和人口過剩的壓力有關。」蕭克利說，「我完全可以看到LNT中的第八條原則是圍繞噪音建立的，無論是字面上的意涵，還是社群媒體上的。這種靠近和侵擾剝奪了荒野的價值和其他人享受它的權利。」

歸根究底，「Leave No Trace」正試圖做到這一點：讓人們在享受野外生活的同時，不影響其他人的權利。隨著世界空曠的空間不斷縮小，我們的責任也越來越大，但是體驗大自然中因其原始、脆弱所建立的價值，如今仍然會像梭羅第一次搬進他的小屋時一樣強烈。

「從某種意義上說，這只是『另一種』思考。」蕭克利說，「這與我們在很多習慣的環境中生活有著深刻不同。它迫使我們對自己是誰和我們是什麼進行一種存在的反思。」

探 險 家 的 協 作 者

ON ENDURANCE

　　顯然，那些曾協助或仍在協助富有冒險家的人的歷史是模糊的。雖然大多數歷史迷都知道艾德蒙・希拉瑞爵士（Sir Edmund Hillary）的名字，他是第一位登上聖母峰的人，也知道第一位在沒有補充氧氣的情況下登上聖母峰山頂的萊茵霍爾德・梅斯納爾（Reinhold Messner），但有多少人知道幫助他們的人的名字？

　　雪巴人（Sherpas）不僅與希拉瑞和梅斯納爾一起爬山，而且攜帶了更多的裝備和物資，還因為不得不幫助他人完成任務，增加了他們的心理負擔。現在，喜馬拉雅山脈的雪巴人繼續配合外國冒險家的登山活動，首先穿越小徑的險峻裂縫，固定線路，並攜帶重要物資在山上來回穿梭。

　　雪巴人的名字屬於生活在尼泊爾山區的一個特定民族，雖然並非所有使用該詞的嚮導都是其中的一部分。他們所做的可能是世界上最危險的工作。這些人的死亡率約為千分之十二，幾乎是伊拉克戰爭前線美國士兵死亡率的四倍，也是商業漁民死亡率的十倍（美國疾病管制暨預防中心將其列為國內最危險的平民職業之一）。當雪巴人在聖母峰去世時，家人拿到的保險金往往只有五千美元左右。

「就像許多領域的人一樣，如果我們能夠證明非凡的努力和成就是許多人共同工作的結果，那這樣的歷史就更準確了。」

倫敦大學皇家哈洛威學院人文地理學教授菲力克斯‧崔佛（Felix Driver）表示：「你不必成為一名登山者，就可以理解登山需要參與的不只一個人。」他在各國探險的視覺文化研究中發現，雖然十九世紀和二十世紀對嚮導和當地協作者的紀錄相對較少，但仍有文檔載明他們的存在。他發現了一些水彩畫和石版畫，展示了當地人（以及歐洲婦女）攜帶物資，或者在漫長探險中清洗和烹飪的情況，這不僅僅是在聖母峰，而是在任何條件惡劣或外國人不知道的地方。他說：「就像許多地區的生活一樣，如果我們能夠證明非凡的努力和成就是許多人共同工作的結果，那這樣的歷史就更準確了。」

例如，為戰地記者工作的當地助手往往是不被信任的，雖然他們被迫進入危險的境地為外國記者翻譯、安排會議和提供當地消息。加拿大媒體研究聯合會和不列顛哥倫比亞大學藝術學院資助的一項研究發現，儘管百分之七十以上的記者表示他們「從未或很少」將助手置於緊急危險之中，但百分之五十六的助手表示他們「總是或經常」處於危險之中。在同一項研究中，百分之六十的記者表示，他們「從未或很少」信任助手，而百分之八十六的助手希望得到信任。

美國喜馬拉雅基金會（American Himalayan Foundation）副主席、已故雪巴先驅丹增‧諾蓋（Tenzing Norgay）之子、一九五三年與希拉瑞一起登上聖母峰的諾布‧丹增諾蓋（Norbu Tenzing-Norgay）在二〇一三年與《Outside》雜誌表達了類似的情感：「如果美國有人登上聖母峰十九次，他身上可能會布滿百威啤酒的廣告。但雪巴人不會得到同樣的認可。」

社群媒體上仍然無法看到其他人的辛苦工作、協助。那些常常透過攝影機即時拍攝冒險者的人，可以讓運動員獲得贊助和觀眾，或者成為有影響力的人，最終讓他們可以從他們的大膽行為中賺錢。但同樣的，鏡頭後面的人經常冒著生命危險進行同樣工作，但卻幾乎沒有被任何人提及。

攝影師詹姆斯‧布勒（James Boole）拍攝的傑布‧柯利斯（Jeb Corliss），是一名定點跳傘好手和飛行滑翔翼大師，在穿越義大利一個被稱為「死星之旅」（Death Star Run）的小峽谷之後，這段影片被發布到YouTube上，在那裡獲得了數十萬的瀏覽量，並幫助柯利斯履行了他與贊助商GoPro的合約義務。然而，大多數觀眾都不知道，布勒就在他身邊，為了拍到這張照片，他也做了同樣的跳躍動作。

在拍攝奧斯卡獲獎紀錄片《赤手登峰》（Free Solo）時，攝影師金國威（Jimmy Chin）每次開始拍攝自由攀登者艾力克斯‧霍諾德（Alex Honnold）時都會感到情緒低落。金國威感到左右為難的是，霍諾德是他的好友，正在從事一項極其危險的活動，但他需要拍到他做這件事的最佳鏡頭，即使那是霍諾德摔死的鏡頭。「我一直覺得，作為導演兼製片人，我應該負起他在拍攝時最有可能在何處掉下來的責任，」金國威在HBO電視節目《甘柏談體育》（Real Sports with Bryant Gumbel，暫

譯）的採訪中說，「兩年半以來，我每天都在思考這個問題。」

雖然讓協作者被看見的這一切變化緩慢，但幕後工作的人們似乎正在慢慢走出陰影。例如，丹增·諾蓋現在因其登山能力而越來越出名，儘管他已經去世。二〇一三年，尼泊爾政府提議命名一座二千四百一十三公尺高的丹增峰來紀念他。二〇一九年，當《赤手登峰》獲得奧斯卡最佳紀錄片時，金國威向霍諾德分享了奧斯卡獎。

「過去十年來，我好奇世界上不同地區的人們對這段（新歷史）有多感興趣。」哈洛威學院的崔佛教授說，「人們有興趣擴展這個故事，讓它更像是從不同角度述說的事，而不是不斷重復的老故事。」

二〇二一年一月十六日，一支由十名尼泊爾登山者組成的登山隊，成為第一批在冬季登上世界第二高峰巴基斯坦K2（喬戈里峰）的人，為人類挑戰八千米高峰的歷程劃上一個句號。在一名三十七歲退役士兵寧斯·普爾加（Nirmal Purja）的帶領下，這些人冒著攝氏零下六十度的氣溫和每小時九十七公里的風速登上了山頂。

下午五點左右，當他們幾乎到達山頂時，他們重新集合，並肩站著走完最後一段路。登山者以自己的方式創造了歷史，不是以助手的身分而是身為自己故事的主角載入史冊。

PART THREE

旅途行腳
TRANSIT

好的旅程能帶你遨遊各地，沿途發掘令人驚嘆的美妙事物。擁抱慢旅行，
你會看見嶄新的風景，用新的眼光觀照這個世界。

瑞士的纜車與它們服務的偏遠高山社區一樣有特色。乘坐兩千多輛小型纜車中的一輛駛向天空，
你會發現茂密的草地、全景和更高牧場上美味的乳酪帶給你的愉悅。

瑞 士 纜 車 探 索

A SWISS CABLE CAR SAFARI

在瑞士生活需要有直向思維，在這裡旅行也是如此。當夏季參觀位於阿爾卑斯山山脊社區牧場時，問題不在於公路和鐵路有多遠，而在於海拔有多高。幸運的是，瑞士憲法規定，全國四個語言區的每個村莊都必須以公路、鐵路和水路連接，在最難到達的地方，還必須透過纜車連接。

雖然有很多關於瑞士準時的紅色列車、標誌性的齒軌鐵路（一種登山鐵路）和纜車的優秀路網報導，但真正將偏遠的阿爾卑斯山區社區，與該國其他地區連接起來的是瑞士德語中被稱為 luftseilbahn 的簡陋、不受歡迎的纜車。逐字翻譯是「空中纜繩列車」。在瑞士法語區，它們被稱為 téléphérique，在義大利語區被稱為 funivia，在羅曼語區被稱為 pendiculara，羅曼語是瑞士古老而即將失傳的第四官方語言，分布在阿爾卑斯山區的小地方。

瑞士有兩千四百三十三臺聯邦政府認證的空中纜車。許多是農民私人擁有的，但對登山客開放，一次可以運載四至六個人。登山客可以使用山底車站的電話提醒山頂的接線員啟動電梯。沒錯！這是你在旅行指南中不會得到的資訊，阿爾卑斯山現在全屬於你的了。

烏里（Uri）、下瓦爾登（Nidwalden）、上瓦爾登（Obwalden）和施維茨（Schwyz）等瑞士德語區的中部各州，是全國最大的空中纜車集中地，這裡的纜車也是瑞士最值得一坐的。登山客可以透過這種交通工具迅速移動到阿爾卑斯山，這裡也是當地人在夏季飼養牲畜的山區牧場，到達山頂只需支付少量費用，通常為七到十八瑞士法郎（相當於七到十八美元）。一旦登上山頂，就可以進入健行路線，這些路徑通常是古代的遊牧路線，至今仍被人們使用。在那裡可以看到的是遍地野花的高山牧場、可游泳的阿爾卑斯山（高山湖）、提供黏乎乎融化乳酪菜餚的鄉村小酒館，以及販售乳酪、牛奶、奶油、優格和「molke」（一種深受農夫歡迎的乳清飲料）的合作乳酪工房。

在一般情況下，健行的路線會通向其他可以回去山下的纜車，這樣你就可以走一圈環型道路，而不是原路折返。一些纜車路線只在夏季運行，其他則全年運營。大多數纜車站都有列在 Google 地圖上，所以使用者可以建立自己的行程。

其中一種路線是位於下瓦爾登州的 Buiräbähnli 農家纜車。共計十二小時長的多日健行會帶你乘坐高空纜車，並帶你穿過班阿爾卑湖（Bannalpsee）的深藍色水域和鄉村過

夜旅館。

Alp Oberfeld 是當地最傳統的旅館之一，這裡是永續乳酪製造商麗塔（Rita）與約瑟夫‧瓦瑟史班尼（Josef Waser-Späni）的避暑小屋。這對夫婦每天在農場收集一百二十公升的有機牛奶，並直接向消費者出售商品（他們還提供試吃產品和零食）。在裡面，銅壺懸掛在柴火上，上面煮著山羊和雷塔恩灰牛的奶，這些奶將被製成乳酪。許多酪農可以辨識出乳酪來自哪一個阿爾卑斯山，甚至可以分辨出乳牛吃進每種野花的味道。

「農家纜車只是瑞士中部許多可行的健行方式之一。」綽號喬（Joe）的漢茲魯迪‧赫格（Hansruedi Herger）說，他是一名導遊，也是「The Alps by Joe」慢旅行健行服務公司的創始人，專門從事各種難易程度的短程健行。

奧伯薩克森（Oberaxen）位於弗倫（Flüelen），從蘇黎世坐火車只需一個小時，它提供了另一條可供探險的空中纜車路線。位於琉森湖（Lake Lucerne）南端的烏里湖（Urnersee）東岸，是一個有藍色木箱狀纜車的車站。當你站在長十一公里、下方有阿克森景觀公路（Axenstrasse）的美麗懸崖時，碧綠的湖水和教堂尖塔便成為焦點。在山頂車站，登山客可以從十三條小徑中的一條出發，其中包括

三小時路程的艾格山（Eggberge）步道，這條小徑在走入海拔一千四百九十四公尺、長滿苔蘚的平坦林地前，會從垂直攀爬綠色的牧場開始。

在其他地方，席特薩普（Sittlisalp）的蘋果紅纜車滑過一座寬闊的山谷，山谷里種滿了安桑蘭花和洋紅蘭花，然後在一條三公里長的環線起點上讓乘客下車。這條環線經過席特薩普高山乳酪工場（Alpkäserei Sittlishalp），這是一個牧羊人合作社區，由九個家庭農場組成，當地依靠水力發電運作，並創造了堅果口味的起司。

赫格提供滿月健行的行程，這樣可以讓遊客看到沐浴在月光下的周圍山峰群，也提供定期欣賞山頂光的健行旅程，因為當日出和日落時，雪山的山頂會閃閃發光並呈現粉紅色。對他的許多客人來說，行程中的亮點是瑞士傳統民俗活動——阿爾卑斯聖頌（Alpsegen）表演，一種獨有的詩歌詠唱式的禱告方式，也稱為阿爾卑斯的祝福。詠唱的內容是祈求瑪麗亞與四方之神能保護生命，特別是保護它們的牛群，不要受到四種惡靈的侵害，農民會用牛角進行吹奏。

「這是一個幾世紀以來一直延續在這些土地上的美麗傳統，歷史上可以追溯到異教時代，」赫格說，「它也是和這些脆弱而古老的山脈間的寶貴連結。」

左圖
—
遊客搭乘行經維特史萬登（Witterschwanden）、
阿赫山（Acherberg）和卡塞爾（Kessel）的空中
纜車。該纜車為投幣式，全天候二十四小時營運。

上圖
—
這棟小屋位於烏里湖畔，後方類似鐘塔的
建築是一種主要透過琴鍵敲擊演奏，名為
鐘琴（carillon）的樂器。

左圖
—
吐根堡山羊（Toggenburg）原產於瑞士，以其發源地吐根堡河谷（Toggenberg Valley）命名，據說是目前已知最古老的乳羊品種。

上圖
—
弗倫附近的奧伯薩克森纜車站。這裡的纜車會一路爬升至奧伯薩克森，車程約莫七分鐘，抵達後會看到一家擁有大型戶外露臺的餐廳。

上圖左

—

瑞士中部的下瓦爾登州是全球平均每人擁有最多纜車的地方。班阿爾卑纜車從奧伯里肯巴赫（Oberrickenbach）出發，駛至座落在山區心臟地帶、如田園牧歌般恬靜優美的班阿爾卑湖。

右圖

—

米爾雅・魯斯滕柏格（Mirjam Lustenberger）和綽號奧西（Osi）的奧斯瓦・艾勒（Oswald Ehrler）一同經營 Berggasthaus Alpenblick 山莊。除了旅館和附設餐廳外，英契－阿尼湖線（Intschi-Arnisee）頂點車站裡的小郵局也是由奧西管理。

左圖
—
維特史萬登–阿赫山–卡塞爾線纜車裡的
真皮座椅讓旅途多了幾分舒適。不過這些
纜車主要供農民使用,所以常會看到車廂
裡塞滿一捆捆乾草,而不是乘客。

上圖
—
琉森湖水域遼闊,可細分為九座湖泊,烏
里湖就是其中之一。遊客可以乘車沿齒軌
式登山鐵路爬上四十八度陡坡,探索鄰近
的皮拉圖斯山(Mount Pilatus)。

瑞士纜車

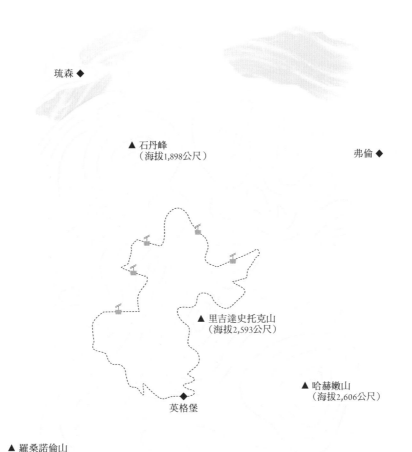

琉森 ◆

▲ 石丹峰
（海拔1,898公尺）

弗倫 ◆

▲ 里吉達史托克山
（海拔2,593公尺）

▲ 哈赫嫩山
（海拔2,606公尺）

◆ 英格堡

▲ 羅桑諾倫山
（海拔2,700公尺）

住哪裡

這間 Alp Oberfeld 結合了旅館、農場餐飲販賣部（beizli）與小農商店（alpwirtschaft），下榻的旅人可以躺在舒服的木床上，蓋著溫暖的紅色格紋羽絨被過夜。客房位於穀倉的附加建築，有廁所但沒有淋浴間，而動物同樣在此休憩。黎明時分起床，可以望著山羊走向青翠的牧場。這裡和大多數山區店家一樣只收現金，所以別忘了帶瑞士法郎。

吃什麼

阿爾卑斯山到處都有優質的乳製品，但山區不適合種植蔬菜，因此要找到新鮮美味的餐點並不容易。Kaiserstock 餐廳藏身在一間老舊的木瓦農舍裡，從夏佩利山（Chäppeliberg）纜車站走路十分鐘即可抵達。水煮藍鱒魚、小牛肉佐麝香羊肚菌等經典菜色絕對不會讓你失望。最重要的是，一定要事先訂位。

小祕訣

高山的生態環境系統非常脆弱和敏感，很容易受到人類活動影響。請務必將所有攜入山林的物品帶下山，將足跡減至最低，避免塑膠微粒殘留在高山棲息地。小心電網，千萬不要站在母牛與小牛中間。記得向別人打招呼（可以用瑞士德語說 grüezi），例如公車司機、纜車操作人員等人，這點在瑞士中部尤為重要。

一艘窄窄的小船在昔日工業水道上嘎吱嘎吱地走著,如今它可能效用不高,
但英格蘭大聯盟運河(Grand Union Canal)將帶領你從西倫敦到伯明罕中部,
穿過這個島上綠色宜人的一切。

悠 遊 英 格 蘭 運 河

A CRUISE ALONG ENGLAND'S CANALS

幾個世紀以來,英國水道是這個迅速工業化國家的重要動脈,也是解決城市、工廠和港口之間重型貨物運輸困難的巧妙辦法。然而,到了一九六〇年代,那些在運河上的船上生活和工作者的豐富文化幾乎消失了。隨著一八三〇年代鐵路出現,運河開始緩慢衰落。這些水道變得無利可圖,加上維護不善,因此漸漸不能航行。運河上獨特的遊牧生活方式,似乎會悄無聲息地成為歷史。

然而,運河現正蓬勃發展。一九六八年,隨著官方對運河休閒用途的認可,運河找到了新一代的愛好者。這種又長又細的「窄船」曾經在全國各地運送煤炭、農作物、磚塊、原物料和製成品,現在則被改造成了漂浮房屋,在接下來的五十年裡,那些運河文化也將被從陸上來的人開啟而注入活力。

「這是一種非常簡單的生活,」亞歷山大‧沃夫(Alexander Wolfe)說,他是一名攝影師,已經在大聯盟運河(Grond Union Canal)上生活了一年多。大聯盟運河位於倫敦和伯明罕之間,全長兩百二十公里。「我沒有在倫敦找到一間公寓,而是決定買一艘狹窄的船,進行一次冒險。」

沃夫是發現水上生活魅力的眾多年輕划船遊玩者之一。在大聯盟運河的倫敦端,人口於過去五年中翻了一倍。到了盛夏時節,這個曾是英國運河路網中心幹道的運河,則比工業革命時期更加繁忙。

也許這是英國人特別希望離開現代便利設施和個人空間,沿著這個國家遙遠的工業歷史遺跡旅行的方式。然而,運河提供了與英國歷史現存的聯繫,這對那些著迷於過往傳統、科技的人,以及喜歡在水上生活的人來說都是如此。甚至還有一個名字,是指那些自己沒有參與其中,但是喜歡觀看運河上的活動者:俗稱 gongoozlers。

約四千三百四十五公里長的運河,或者說是英國一半以上的運河網都是連通的,你可以從西南部的布里斯托(Bristol)出發,經過幾乎所有的英國主要城市到達約克郡的里彭(Ripon)。然而,你會受到船隻速度大約每小時六‧五公里的限制。為了體驗運河上的生活,領略不斷變化的風景,沃夫建議從 Kate Boats 那裡租一艘船,它的基地位於史托克頓(Stockton)和華威(Warwick)的大聯盟運河上。初學者將被安排學習駕駛船隻和通過船閘的速成課程,而且,如果你只是想試用一天的船,也可以使用短程租借。米爾頓凱恩斯(Milton Keynes)的 MK Afloat 有一支

短小船型的船隊，操作方便，還有電動 GoBoats 可以從倫敦的不同地點租用幾個小時。

大多數生活在運河上的人都有定點停泊處，但像沃夫一樣，許多人選擇了更能四處航行的生活。雖然他的永久航船執照要求他一年至少航行三十二公里，但船行的悠閒速度在一定程度上減輕了他在旅途中無法休息的負擔。坐火車從倫敦到伯明罕的旅程可以在一個半小時內完成，但在運河上兩週可以讓你真正領略到緩慢變化的風景。

沃夫在談到大聯盟運河時說：「它可能並不總是最美麗的運河，但絕對是最多變的運河。」從倫敦出發，大約需要一天的時間才能到達起伏平緩的丘陵和農田、古色古香的村莊和後工業城鎮，直到伯明罕郊區。儘管運河起源於工業，但在航行上是一趟安穩、寧靜的旅程，即使它是一項偉大的工程成果，也使運河在過往的榮光中具有緩慢、高貴的優雅。例如，寇斯葛洛夫水道（Cosgrove aqueduct）透過哈頓（Hatton）二十一個船閘，將運河傳送到大烏茲河（River Great Ouse），使船隻能夠在大約三小時內爬上四十五公尺的山坡；以及長二‧八公里的布利沃什隧道（Blisworth Tunnel），在船隻安裝發動機之前，只能透過仰臥平躺和用腳不斷地將船推離橋墩底部才能通過。

「運河上有一種強烈的獨立感，也像一個真正的社區。」沃夫說，「對我來說，這是以一種較慢的方式來體驗英格蘭與傳統相關的東西。有時這是一項艱苦的工作，但你會在情感上深愛你的船，因為它不僅僅是一個家。」

左圖
—
兩艘船駛過大聯盟運河,行經定期舉行市集貿易的小鎮崔林(Tring)。馬達問世前,都是由馬匹沿著曳船道拖曳船隻。

上圖
—
茱兒·庫克(Jules Cook)在水上工作了五十多年,這是她退休前最後一次上工。她所經營的 Jules Fuels 燃料公司,在大聯盟運河這段水域供應船舶煤炭。

上圖
—
茉兒・庫克的爐灶上方掛著許多綴有蕾絲和
緞帶的盤子，也是運河船上常見的傳統裝
飾。運河船體積雖小，內部空間卻時常反映
出極繁主義的精神，設計和用色都很大膽。

右圖
—
兩艘鄰近亨頓橋（Hunton Bridge）的船
在大聯盟運河的蓋德河段（River Gade）
航行，朝卡西奧伯里公園（Cassiobury
Park）前進。

左圖
—
船閘用於沿著運河升降船隻。船進入兩扇門之間的一段水域，水閘用於填充或清空艙室。一旦水位發生變化，閘門就會打開，船就可以繼續航行。

上圖
—
船鉤主要用於發生故障的情況：像是你在運河裡掉了什麼東西，或你在一個狹窄的地方，需要把船推離原地，或你需要移動水中的障礙物，又或是如果發動機出現故障，你需要把船推到岸邊。

上圖

—

Jules Fuels 的安德魯（Andrew）使用船尾的舵柄駕駛。使用舵柄時，當你想向左，你就向右轉，反之亦然。記住它的一個簡單方法是：把舵柄指向你不想擊中的東西。

右圖

—

大聯盟運河的派丁頓河彎（Paddington Arm）全長二十二公里，穿過倫敦西部，與海耶斯（Hayes）附近的主運河相連。這裡看到的崔列克大樓（Trellick Tower）是一座一九七二年由匈牙利建築師艾諾·戈德芬格（Ernö Goldfinger）設計的粗獷主義住宅。

上圖右
—
傳統馬具裝飾 Terrets 是船上的裝飾性點綴，用來
致敬過去馬隻在運河上的重要性，它通常位在被暱
稱為「鳥屋」（pigeon box）的頂部。鳥屋是一個
用來讓光線和空氣進入船艙的傾斜屋頂。

右圖
—
沃夫的船駛過卡西奧伯里公園，這是沃特福
（Watford）最大的公共開放空間。關於停泊船隻
的規定因地區而異，但大多數都是短期的，允許你
停留兩天到兩週。

英國
UNITED KINGDOM

運河之旅

住哪裡

對於那些想在水上度過一夜的人來說，大多數租賃公司都會將船作為漂浮旅館出租。從倫敦小威尼斯（Little Venice）風景如畫的盆地到契爾屯丘陵（Chilterns）山麓的孤立船隻，到處都有 Airbnb。停泊在倫敦西部 Floating Pocket 公園的倫敦船屋，是一種認識城市的特別方式，也是另種以設計主導，體驗更為傳統的運河船日常之美。

吃什麼

大聯盟運河沿線有酒吧、咖啡館，偶爾也會出現有咖啡館的船。許多船夫每天啟程的目的是到了晚上可以在一家酒吧停泊喝一杯啤酒、吃一些食物，例如在華威的 Cape of Good Hope 或索伯里（Soulbury）的 Three Locks。在炎熱的日子裡，東倫敦哈克尼維克的 Milk Float 船屋餐館提供雞尾酒和當地製作的冰淇淋，而在大聯盟運河的上游，London Shell Co. 餐廳則提供五道菜的英國海鮮套餐。

小祕訣

與英國公路車輛不同，運河船的方向是向右的。雖然應盡量避免撞上其他船隻，但運河上的每個人都知道划船是一種接觸性的運動。當駛過停泊在運河一側的船隻時，也應該注意減速，以免打擾到裡面的人。重要的是，要記住你在通過船閘之後應當關閉它，這既是對其他船民的禮貌，也是為了不浪費水。

阿拉伯聯合大公國不是你想的那樣。離開來自杜拜和阿布達比的誘惑，
開車穿梭於這個沙漠國家的沙丘之間，可以看到超現實、總是迷人的地標，
永遠與漸漸蔓延至地面的沙子作戰。

前 往 富 介 拉 的 公 路 之 旅

ROAD TRIPPING TO FUJAIRAH

旅遊作家和網紅到阿拉伯聯合大公國（簡稱阿聯），只不過是為了像在他們抵達這裡之前的那些人，展示同樣角度的人物攝影，這些照片描繪的是迷人的沙漠探險和裝有空調的大型購物中心。杜拜和阿布達比是七個大公國中的兩個，經常被形容成是綿綿的冰淇淋上的馬拉斯加櫻桃，而這個國家的其他五個大公國的口味、顏色和質地則還未被定義和探索。

但是，開車穿越阿聯，緩慢地越過其中間地帶，就是要了解這個國家的故事，它用難以想像的速度被建立，且被混合文化和被遺棄的夢想塑造而成。從杜拜向東驅車，一小段路程將帶你前往富介拉邦（Fujairah），那裡的沙子像紅糖，天空被哈吉爾山脈（Hajar Mountains）的山峰所穿過。Google 地圖可能會提供一條總時間不到一個半小時的路線，但這條海岸到海岸的朝聖之旅並不會讓人感到倉促。

公路旅行的一個絕佳起點是傑貝阿里海灘（Jebel Ali Beach），這是一個曾經荒涼的海灣，位於杜拜南部的工業區和航運港口之間，現在這裡有一個俯瞰海面的露營車營地。在這裡，阿聯東部地區的風景融合著溫暖的波斯灣。「我們現在有來自世界各地的人，甚至有人已經住在

阿聯了。」值班救生員說。一排巨大的 T 形水泥塊從水中升起，這是由於二〇〇八年全球金融危機導致市場崩盤而未能完成的殘留物，現在被稱為「無路橋」（the bridge to nowhere）。

從杜拜出發，沿著貫穿該國中部的大動脈 E77 高速公路前往富介拉，你將經過庫卓沙漠（Al Qudra），這是杜拜的「後花園」沙漠，以其便捷的越野道路和八十七公里的自行車道而聞名。沿著公路，棕色的小沙丘上點綴著國槐，有些高高聳立，另一些永遠隨風彎曲。拉哈布（Lahhab）的 E44 出口將帶你去馬丹鎮（Al Madam），一座被靈異事件傳言汙名化的鬼城。據說它建於一九七〇年代，對大眾來說現在是個陌生的地方，其中酋長國時代的傳統小屋（sha'bi）正慢慢被沙漠吞噬。

造訪馬丹鎮需要一輛四輪驅動車和一些越野車，或者阿聯稱之為「沙漠衝沙」（dune bashing）的行車方式。一些居民通過口耳相傳成了非官方導遊，例如胡笙（Hussain），一名駱駝馴養員，自二〇一八年以來，他一直以一百迪拉姆（約二十七美元）的價格在馬丹鎮提供穿越沙漠的服務，他會指出哪些房屋和建築值得進入。「這

有漂亮的藍色牆壁。」他指著其中一個說。在裡面，沙丘從玻璃窗戶中散落，牆上裝飾著用麥克筆寫的情話和卡通畫。

距離馬丹鎮以北僅十二分鐘路程的越野歷史博物館（Off-Road History Museum）提供了相當接地氣的參觀內容，無論你是否是一名汽車愛好者，這都會是一次愉快的體驗。博物館外，一尊巨大的吉普車雕像歡迎著遊客。目前的收藏號稱擁有三百五十多輛汽車，包括一九八七年的藍寶堅尼 LM002 越野休旅車和世界上唯一的一九一五年福特 T 型車。

該博物館提供了汽車文化在阿聯生活中根深蒂固的一面，在距離富介拉市區二十五分鐘車程的山間村莊馬薩菲（Masafi）的暫時停車場也可以看到這一點。在露天市場周圍，你可以找到當地的蜂蜜、水果、地毯和陶器，店主們要麼揮手示意請人停車，要麼按著喇叭引人注意。每天，攤販都會推出來自阿曼（Oman）的紫色奇異果，隔壁會有另一攤宣傳他的多汁柚子。當幾個攤販的營業時間結束，一輛休旅車可能會帕一聲地打開一扇窗戶，與顧客就地毯價格討價還價。店主將帶領客人參觀掛在店裡的一系列選擇，在那裡，阿聯開國元老翟伊德（Sheikh Zayed bin Sultan Al Nahyan）的旁邊就掛著 Versace（凡賽斯）蛇髮女妖梅杜莎的的品牌標誌絲網印刷圖像。

E89 是從馬薩菲蜿蜒至富介拉的最後一段公路。黑色和灰色的山巒包覆著這片土地，粗硬的椰棗樹、皇室成員的畫像和菠蘿形狀的果汁販賣亭，都被陽光所到之處烘烤著。經過三十分鐘的車程，山脈粗糙和乾旱的景觀就被印度洋清澈的海水切分開來。

帶有精緻雕塑的圓環路口以地標的姿態，歡迎駕駛者來到富介拉，並引導遊客沿著 E99 的海岸前行。富介拉圓環最初建於一九五〇年代英國殖民統治時期，是為了紀念這個大公國的海洋歷史：有一條圓環上的魚在噴水，另一邊有海豚雕像。在富介拉的霍法坎（Khorfakkan）小鎮，圓環上有一個沉香木香爐，燃燒著滾滾濃煙，這是阿聯沿海地區一個便於辨識的中點地標。

在富介拉北部的一個小漁村阿卡（Al-Aqah），阿卡海灘露營車營（Al Agah Beach Camping）地為遊客提供了終點站和休息場所。成堆的空漁網散落在附近的海岸上，漁民們帶著幾乎滿滿的漁獲回到岸上——這是今晚附近一家埃及海鮮燒烤店 Estacoza 菜單上有什麼菜色的線索。在這裡，你可以在有海鮮拼盤、大蝦、鷹嘴豆泥和阿拉伯沙拉的菜色中為這一天慶祝。

左圖
—
在利薩里（Al Lisaili）的高速公路上，一名駱駝牧民帶領他的羊群從馬蒙賽駝場（Al Marmoom Camel Race Track）出發。這條公路有一個專用的地下通道，用於讓駱駝安全穿越。

上圖
—
霍法坎是沙迦（Sharjah）東海岸的一個小鎮，中心廣場上有噴泉和抗戰紀念碑，用來紀念一五〇七年抵抗葡萄牙入侵的人們。

上圖左

—

前往富介拉的路上有很多地方可以停下來吃點心。
在瑪雷哈鎮（Maleha），你甚至可以看到農民用
汽車行李箱出售當地種植的農產品。

上圖右與右圖

—

富介拉圓環上裝飾著許多別具一格的雕塑，大多
象徵民族自豪或文化遺產。在濱海路（Corniche
Road），一個圓環上有一條魚，另一個圓環上有
咖啡壺和杯子。

左圖
—
霍法坎沙灘沿著一條棕黃色的新月形海岸延伸展開。這裡的沿海氣候一般都有微風，這是那些想逃離沙漠高溫者的一個熱門日間旅行地點。

上圖
—
在杜拜的傑貝阿里棕櫚島（Palm Jebel Ali）遺跡，這是一個廢棄的城市規劃項目，包括一座未完工的橋梁，當地人稱之為「無路橋」。

公路之旅

伊拉克　　　　　　伊朗

波斯灣

杜拜　◆┄┄┄◆　富介拉

　　　　　◆　馬斯開特

阿曼

住哪裡

哈塔（Hatta）距離富介拉一小時車程，這裡的達瑪尼度假小屋（Danani Lodges Resort）由獨立的懸臂式貨櫃屋住宿設施組成。這裡具備世界上每一項冒險運動，但你可能身處在山間小屋的露臺上烤肉、欣賞群山就很滿足了。除此之外，附近的哈塔穹頂公園（Hatta Dome Park）也提供了圓頂露營帳篷的設施。

吃什麼

你會在富介拉的海濱找到一些餐館。圓環是前往該地最好認的標誌：在咖啡壺圓環附近，Sadaf 餐廳供應正宗的伊朗菜；在形狀像香爐的環形交叉口，Asmak Al Bahar 餐廳的海鮮最受歡迎。在杜拜，21 Grams 餐廳是旅行前最好的早午餐地點。

小祕訣

阿聯是為駕駛而建造的地區。道路一般都很整潔，路標也設置的很好，汽油也很便宜。租車費用從每天約兩百二十迪拉姆（六十美元）起跳。是否需要國際駕照取決於你的原籍國，但有幾個例外。準備好過路費（salik），它將以電子方式登記在你的車輛上，並透過租賃機構支付。

對於挪威熱愛自然的城市居民來說，卑爾根鐵路（Bergensbanen）跨國列車是一項相當重要的公共設施。
幸運的遊客們和他們一起乘車，將藉由一條緩慢而壯觀的鐵路欣賞到這個國家雄偉、一流的風景。

奧 斯 陸 到 卑 爾 根 的 火 車

THE TRAIN FROM OSLO TO BERGEN

晨曦中的靛藍從奧斯陸的天空飄過，帶著粉紅色帶穿過天空。火車蜿蜒駛出城市，經過電線桿，掠過排屋的後方，且電線從頭頂盪盪而過，乘客們都知道，挪威人早上坐在餐桌旁、刷牙或沖濃黑咖啡的日常生活。隨著街燈仍然亮著，市中心熟悉的景色很快被郊區的房屋、通勤者鏟雪和騎自行車的人在冰冷空氣中呼吸熱氣所取代。然後，城市消失了，高樓被映照在地上，湖泊像鏡子一樣出現在它們的身後，成群如裹著糖衣的雲杉排列在堤岸。冉冉升起的太陽在地平線上灑下了融化的黃色光芒，為車廂帶來了溫暖，也為風景增添了生氣。

奧斯陸－卑爾根鐵路（Oslo-Bergen railway）是世界上最著名的火車路線之一，被稱為卑爾根線，建於一八七五年至一九〇九之間。它從挪威東南部的首都奧斯陸出發，沿著四百九十六公里長的鐵道緩慢行進，六個半小時後，完成了西海岸的旅程。同樣的旅程也可以用一個小時的飛行達成，但任何選擇這一種方式的人都會留下不必要的碳足跡，並錯過觀看挪威自然風光的機會。火車全年運行，夏季和冬季都吸引著好奇的乘客，至於你是想看到有茂密紫色羽扇豆點綴的陽光草地，還是冰雪覆蓋的峽灣和狂風

暴雨，這取決於你的個人品味。然而，在冬季，當景觀隨自然環境變化時，乘客們將體驗到一種令人放鬆的奇觀和空無。這個行程還能深入看見挪威工程的堅韌和獨創性。這條線路包括一百八十座隧道，從白雪皚皚的空白畫布上顯現出來，就像張開的嘴，等著吞下整列火車。

這條路線沿著德拉門河（Drammenselva，鮭魚捕撈的熱門地點）逆流而上，沿著蒂里湖（Tyrifjorden）蜿蜒而行，向美麗的赫尼夫斯小鎮（Hønefoss）前進。從這裡開始，建築開始變得稀少，在每個村莊之間，綿延數英里未被開發的風景從眼前奔馳而過。就著窗戶近看，你可能會看到遠處傳統的紅山小屋。在隆冬時節，小屋被雪淹沒，幾乎看不見，只有一股煙從煙囪冒出來，洩露了它們的藏身之處。

雖然火車是鐵道迷的夢想，但它也為挪威人提供了一種普遍的交通方式，可以前往內陸健行、釣魚或滑雪，你會看到在蓋洛（Geilo）和沃斯（Voss）下車的人在行李艙堆滿了設備。基於同樣的原因，提前預訂座位是值得的。火車有四班日間車和一班夜車，如果提前九十天預訂，單程票可以便宜到兩百四十九挪威克朗（二十九美元）。然

而，額外支付一百克朗（十二美元）左右就可以買到一個「額外」座位，為腿部提供更多的空間，還可以有電源插座和免費的熱巧克力。

在芬瑟（Finse）的山村車站，穿上衣服，跳上月臺，感受風吹過臉頰和耳邊的呼嘯聲。這是火車線路上最高的車站，在有暴風雪的日子裡，地面和天空融合成一片雪白世界，讓你很難仔細端詳前方風景，只能偶爾看到雪衣。然而，這還不足以阻止當地人和他們的孩子們乘著越野滑雪板從火車旁經過，而且不受一堆雪和嚴寒的影響。

隨著雲層從山上飄下，遮住了崎嶇的山脊，現在可能是打開挪威小說家尤‧奈斯博（Jo Nesbø）的小說並花上約

一小時閱讀的好時機，但記住不要在書頁間沉浸太久。很快地，地貌就縮成了一片狹長的陸地，橫跨一片水域，火車似乎在水面上滑行。當路線穿過歐洲最大的哈丹格爾維達高原（Hardangervidda）時，你可能會看到野生馴鹿。

在通往卑爾根的道路上，乘客們將看到一系列屋頂完美傾斜的房屋散布在山坡上。但不要被眼前的事物騙了，卑爾根並不是一座華麗喧鬧的城市：它是水邊城市的一個帶狀地區，擁有豐富的遺產、博物館和米其林星級餐廳。從火車上下來，你可能會覺得自己已經完成了一場越野馬拉松，而且是以最好的方式完成。

左圖
—
卑爾根線列車停在芬瑟（線路最高的車
站），通常有足夠的時間下車，欣賞大芬
瑟努特山（Store Finsenut）的美景。

上圖
—
從卑爾根車站出發，每天有四班車前往奧
斯陸。任何明智的旅人，都可以選擇通宵
火車。

左圖
—
途中有很多地方可以停下來享受戶外活動。冬天,許多當地人在芬瑟車站的冰凍湖面上滑雪。

上圖
—
在耶盧站(Geilo)和沃斯站(Voss)之間,路線經過北歐最大的高山高原哈丹格(Hardangervidda)和哈靈山國家公園(Hallingskarvet National Park)。

上圖左
—
儘管卑爾根鐵路因為它的美景而知名，但它一開始
是當地人便捷的公共交通路線。歡迎攜帶寵物，如
照片中的狗狗 Kipo（但可能需要購買票券，這取
決於寵物的體型大小）。

右圖
—
沿途有許多山屋和避暑別墅可供租用。在傳統上，
挪威的鄉村建築被漆成紅色，因為這是最便宜的油
漆顏色。

火車之旅

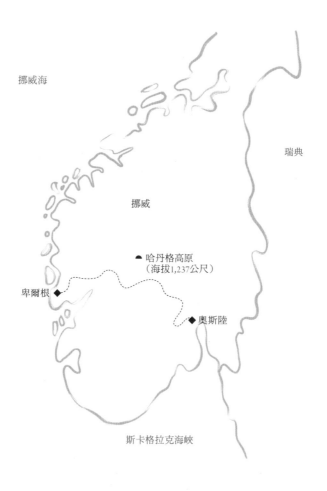

挪威海

瑞典

挪威

⛰ 哈丹格高原
（海拔1,237公尺）

卑爾根 ◆

◆ 奧斯陸

斯卡格拉克海峽

住哪裡

卑爾根證券交易所酒店（Bergen Børs Hotel）位於十九世紀中葉的一個古老證券交易所，是探索卑爾根的理想地點。酒店擁有雅致的客房、地板暖氣和可俯瞰港口的套房，而且酒店對剛下車的乘客會送上熱烈歡迎的氣氛。它也是 Bare 餐廳的所在地，這是一個美麗的鏡面空間，餐廳有米其林星級的菜單，包含帝王蟹、龍蝦和當地採集的食材。

吃什麼

Skaal Matbar 是奧斯陸最時髦的美食酒吧之一。該店不提供訂位服務，顧客們常常排著長隊等著吃一口大小的鹹鱈魚餡餅、新鮮牡蠣和阿瑪菲檸檬。在卑爾根，你可以去 1877 餐廳，春季可以吃到蘆筍、番茄和蘿蔔，秋季則有鴨肉、羊肉、甜菜和莓果。

小祕訣

挪威境內所有長途列車皆需預約訂位，你可以提前九十天預訂車票。上車後，你可能想喝杯啤酒或葡萄酒放鬆一下，但禁止自帶。酒精飲料可以在餐車中買到，但只能在這個空間飲用。

華盛頓州海岸外的虎鯨島（Orcas Island）散發著一種安靜的魅力，如果你不調整步伐配合這裡的步調，
可能會錯過虎鯨島美好的一面。乘渡輪抵達，你會感到平靜、好奇，並準備好迎接島嶼時光裡的緩慢漂盪。

前 往 虎 鯨 島 的 渡 輪

THE FERRY TO ORCAS ISLAND

　　去太平洋西北部的虎鯨島旅行，感覺就像是到了地球的盡頭。它至少需要以下兩種交通工具：船、飛機、火車或汽車。根據不同的出發地點選擇，也有可能在一天內搭乘到所有工具。

　　對於第一次造訪虎鯨島的人來說，渡輪可能是最不快速但卻最令人難忘的交通工具。這條九十分鐘的路線始於華盛頓州的阿納科特斯（Anacortes），是一個位於西雅圖和不列顛哥倫比亞省溫哥華之間的沿海城鎮。滿載汽車的渡輪向西航行，穿過一萬年前由巨大冰川切割而成、錯綜複雜的海峽和水道路網，最後到達奧卡斯所在的聖胡安群島（San Juan Islands）。想要有最佳視野，請下車，朝船頭走去。風、海、岩石和參天大樹合力激起令人驚嘆的風景。當你背向陸地，臉轉向太陽，風拽著你的頭髮，彷彿其他一切都消失了。

　　薩利希海（Salish Sea）這個名字是為了紀念該地區的第一批居民，海岸薩利希語族（Coast Salish），拉克塔米許族（Lhaq'temish，或稱 Lummi，勒米族）就是其一，意為「海洋民族」，他們自古以來就在海岸捕魚，至今仍這麼做。薩利希海是三個瀕危虎鯨群棲息地，以及北太平洋巨

型章魚（世界上最大的）和三千種無脊椎海洋動物的家園。

　　在渡輪上可能會看到虎鯨，但也會看到水中的陸生哺乳動物。幾年前，一隻黑熊游到虎鯨島，並在島上逗留了幾個星期，這是島上唯一的食肉動物。二〇一七年，一首關於弗里達（Frieda）的民歌被寫了出來，一頭豬從一輛農用卡車上逃脫，掉到了船上，幾個小時後才在虎鯨島的一條鄉間小路上被發現。

　　聖胡安群島由四百多個島嶼組成，其中只有二十個島嶼有人居住，還有一些島上只有兩位居民，但只有四個島嶼提供渡輪服務。在船上可以一瞥島上生活，當地人可能會激起你的好奇心：一位來自蕭氏島（Shaw Island）上最後一座本篤會修道院的修女、女子狩獵俱樂部（Ladies Hunting Club）、四位來自島嶼的弦樂手在船上每月一次的「Floating Ukulele Jam」聚會。

　　一旦你踏上虎鯨島，那麼渾然天成的美就顯而易見了，所以很容易理解為什麼勒米族沒有自然的詞彙，因為他們並不認為自己與自然分離，當然你也可以學著這樣看待自己。來這裡可以挑戰自我，登上聖胡安島的最高點憲法山（Mount Constitution），欣賞群島、貝克山

（Mount Baker）和溫哥華島（Vancouver Island）令人驚嘆的全景。或者，可以更悠閒地健行到卡斯凱德瀑布（Cascade waterfall），用槳板划到山湖（Mountain Lake）中央的小島上，在雪松下小憩，或者在卡斯凱德湖（Cascade Lake）租一艘獨木舟，尋找隱藏的人行橋。

在夏天裡，野生黑莓比比皆是。秋天，可以在森林裡尋找雞油菇和稀有松茸，或者參觀少數無人看管的農場攤位，購買羽衣甘藍、甜菜和牡丹。午餐時，帶上來自東灣區（Eastsound）兩家咖啡館如薔薇咖啡館（Roses Backery Cafe）或旅人餐廳（Voyager）的三明治野餐，然後躺在附近莎拉花園（Sara's Garden）一棟改造的宅邸房子陰影下，現在它已經是一座小教堂。之後，在魔法森林路（Enchanted Forest Road）的無人小木屋「Thrift Cabin」逛逛，在那裡你可以購買復古的衣服，並且寫下你拿走的東西，留下你認為值得的錢。或者，在歐嘉區（Olga）的一個小村莊裡，坐在Buck Bay Shellfish Farm 海鮮餐廳的野餐桌旁，看著你吃的黃金蟹從海灣裡被抓出來，剩下的貝殼隨後又回到海裡。

如果你在島上過夜，去藤壺餐酒館（Barnacle）享受日落。這座建築曾經是一個船棚，現在是一間小酒館，整體用回收的窗戶和未經細緻切割的木桌子裝飾，所有都是用同一棵核桃樹磨成的。它所座落的街道李子巷（Prune Alley）原本是一八七〇年的一個義大利李樹果園。如今，店主們從兩棵最初種植的樹上採摘果實，製成糖漿供飲用。

如果你要坐上趕回家的重要飛機，最好預訂船票，並提前一天就返回本土陸地。飛機延遲和取消並不罕見，雖然你還是有可能會有理由滯留在這裡。

莎拉・法瑞許（Sara Farish）是一家擁有百年歷史的「Outlook Inn」旅店老闆，家族在虎鯨島的生活已到了第三代。法瑞許是日裔美國人，他用日本常說的「一期一會」來形容一個人第一次到島上並待在島上逗留的體驗。正如她所詮釋的那樣：「每一刻都是獨特元素的匯聚，且不可重複。因此，每一次邂逅都應該被珍惜，並用一種完全、敏銳的感官去體驗。」

渡輪平穩的晃動會讓你輕鬆返回本土陸地，你的感官現在開始完全甦醒，並提醒你花點時間放慢腳步，品味虎鯨島或其他地方的寧靜美景。

左圖
—
雖然在前往虎鯨島（Orcas Island）的渡輪
上經常出現虎鯨（orcas），但這座島的名字
是由西班牙探險家命名的，用來紀念有十三個
名字的墨西哥總督，其中一個名字是奧卡塞提
（Orcasites）。

上圖
—
在聖胡安群島運送乘客的渡輪，是以生
活在薩利希海沿岸的原住民社區命名：
Cathramet、Samish 和 Suquamish。

上圖左
—
渡輪提供室內座位和露天甲板。你可以在廚房
的自助餐廳買到華盛頓當地的啤酒和葡萄酒,
享受九十分鐘的旅程。

右圖
—
從龜背山自然保護區(Turtleback Mountain
Preserve)北徑步道口出發的路線將帶你前往
龜首峰(Turtlehead Summit),來回的九·
二公里旅程充滿挑戰,這裡可以看到延伸至不
列顛哥倫比亞省壯麗的無數島嶼景色。

上圖
—
勒姆農場（Lum Farm）位於歷史悠久的柯菲特農
場保護區（Coffelt Farm Preserve），實行永續
的放牧方式。農場攤位出售肉類、乳酪和雞蛋、季
節性水果和蔬菜，以及羊皮和羊毛製品。

右圖
—
島上的許多農場都設有販賣部，攤位採用無人商店
方式運作，客人可以自行入場，拿走他們需要的東
西，然後付款。

渡輪

▲ 憲法山（海拔731公尺）

莫蘭州立公園

虎鯨島

聖胡安島

羅培茲島

阿納科特斯

住哪裡

喜愛現代主義風格者可能會被設計簡約的 Water's Edge Suites 所吸引，在那裡，人們會在海浪輕輕拍打陽臺的聲音中入睡。在牝鹿灣度假酒店（Doe Bay Resort）的森林與海灣交接處，可以租用蒙古包。或者，如果你正在尋找鄉村魅力並喜歡烹飪，那麼在靜灘度假酒店（Beach Haven Resort）的小木屋裡待上一段時間是很值得的。

吃什麼

任何美食愛好者的完美行程：在東灣區的 Roses Bakery Cafe 咖啡館吃早午餐；在 Buck Bay Shellfish Farm 海鮮餐廳品嘗生牡蠣和葡萄酒午餐；然後在 Ælder/Hogstone 餐廳的星光下聚餐，享受獲獎的年輕主廚提供的餐點，他的烹飪創作與當地環境有著深刻連結。

小祕訣

如果沒有預約渡輪，不用擔心。景點會分階段公布，例如在旅遊旺季開始前兩個月公布，然後在開航日期前兩週公布，以及在開航前兩天公布。想要鳥瞰虎鯨島，水上飛機從西雅圖出發，降落在羅薩里奧度假村（Rosario Resort）的碼頭。這裡沒有共乘服務，但可以在島上租車或乘坐當地計程車。

小巧且被內陸包圍的亞美尼亞一直仰賴著自己的公路網。開車離開首都葉里溫（Yerevan）
等於開始探索一座露天的博物館，裡面有歷史悠久的修道院、蘇聯石碑和綿延起伏的鄉村。

亞 美 尼 亞 的 公 路 歷 史

ARMENIA'S DRIVE-THROUGH HISTORY

亞美尼亞的移居者約有一千一百萬人。這使亞美尼亞自己本身遠比在全世界中大得多：居住在南高加索這個多山的內陸國家的人口不到三百萬，其陸地總面積大致相當於比利時的面積。由於其小巧的規模，以及道路是亞美尼亞的交通要道，所以沒有比公路旅行更好的方式來感受它。

如果你在展開旅行前不在首都散散步，那你就錯了。葉里溫成立於西元前七百八十二年，是世界上最古老且持續有人進入居住的城市之一。它的暱稱是「粉紅城市」（the pink city），因其建築中曾使用的石頭顏色而得名，但這樣的形容卻掩蓋了它最主要的建築景觀特色。亞美尼亞在一九九一年前一直是蘇聯的一部分，其寬闊街道上的許多大型混凝土建築如歌劇院，都是蘇聯歷史中的遺產。

尼莎奇（Vernissage）是靠近共和廣場（Republic Square）的一個大型露天跳蚤市場，是尋找工藝品和地毯的好地方。隱身在附近的米佐安圖書館（Mirzoyan Library）擁有一家咖啡館和高加索地區最大的攝影檔案館，這是一座帶有木製陽臺的美麗歷史建築。關於吃的地方，Sherep 和 Tsirani 是很好的餐廳，提供傳統的亞美尼亞食物，如葡萄葉飯捲、酸模湯或烤羊肉（khorovadze）。當天空晴朗時，

這個國家的國家象徵——白雪皚皚的亞拉拉特山（Mount Ararat，儘管現在已經不在亞美尼亞了）——幾乎可以從城市的每一處看到。想看到最佳風景，可以在日出或日落時，爬上五百七十二級臺階到令人驚艷的瀑布臺階頂部。

亞美尼亞是一座露天的博物館，離開首都和駕車穿越崎嶇的腹地，可以更深入地探索其古老而複雜的歷史。迪利然鎮（Dilijan）座落在迪利然國家公園（Dilijan National Park）涼爽的山丘和森林之中，在蘇聯時期曾是波西米亞人的安穩避難所。現在，它成為認識亞美尼亞鄉村魅力和傳統建築的一扇窗。到那裡最簡單的方法是在葉里溫（Yerevan）租車，車程約一個半小時，但值得花更長的時間，沿途停下來探索壯觀的風景。

離開葉里溫東北部後，這些房屋很快就融入了粉紅色的山丘中，農場動物則成為路上常見的夥伴。一旦你開始發現在前蘇聯國家仍受歡迎的俄羅斯汽車 Lada，且引擎蓋上有成堆的水果和果汁，或者人們在路邊揮手，你就來到了接近塞凡湖（Lake Sevan）北端的格加爾庫尼克省（Gegharkunik Province）。人們揮手是為了讓你看看他們正在賣的魚（這些魚雖然新鮮可口，但通常比說的還要小），

在路邊，你可以嘗嘗炸魚配傳統的亞美尼亞薄餅（lavash）。

被譽為「亞美尼亞的寶石」的塞凡湖，無限藍色很快就會出現在地平線上。在這片廣闊水域的邊緣，有幾座中世紀修道院座落在山丘上。其中之一是塞凡修道院（Sevanavank），這裡有一群修道院建築，由位於西北海岸半島上的兩座小教堂組成，在那裡你可以欣賞到湖面上令人嘆為觀止的美景。返回公路，朝著迪利然（Dilijan）方向前進，你將進入塔武什省（Tavush）。道路越來越崎嶇，天氣越來越暖和，地景越來越綠，成群的魚販們也被烤玉米攤取代。

迪利然是一個被山巒環繞的小鎮，周邊地區通常被稱為「亞美尼亞的瑞士」。儘管蘇聯的遺跡仍然明顯，尤其是在公車站，但該鎮仍保留了比首都更多的亞美尼亞古典建築木陽臺、陡坡屋頂。圖芬基恩飯店（Tufenkian Hotel）是十九世紀建築風格的翻新之地，是傳統風格的典範，也是午餐或晚餐的好去處。迪利然的礦泉水也很有名，你可

能已經在葉里溫的超市裡看到了這些礦泉水。許多當地人來到這裡，會在其中一個水療中心放鬆身心。

在附近地區有很多事情可以做。對於登山客來說，外高加索步道（Transcucasian Trail）、迪利然國家公園和帕茲湖（Lake Parz）應該加入到行程中（試試 Kchuch，這是一家在海岸邊提供柴燒窯爐食物的好餐館）。附近的哈卡欽修道院（Haghartsin Monastery）座落在一片綠洲上，幾乎快碰到雲層，也值得特地繞道前往。如果你想留下來探索更多在地文化，入住當地的旅館是最好的選擇，而迪利然的 Toon Armeni Guest House 提供了鄉村魅力和美食。

從葉里溫到迪利然的公路旅行讓我們對亞美尼亞有大致的認識：美麗的風景、那些傳統的和蘇聯遺留下的建築，以及城市和農村的生活方式，這些都是今天亞美尼亞文化的真實寫照。當地居民以好客著稱，總是樂於助人。所以，如果你不幸迷路了，可以放心，很快就會有一位友善的人出現提供你幫助。

左圖
—
許多學者認為亞美尼亞是第一個基督教國家，
這裡的景觀充滿中世紀時期的修道院。這是
從塞凡修道院的聖徒教堂（Surp Arakelots
church）北部俯瞰塞凡湖的風景。

上圖
—
一名婦女在塞凡修道院外出售念珠和十字
架。約百分之九十七的亞美尼亞人信奉東
正教的一個教派 —— 亞美尼亞使徒教會
（Armenian Apostolic Church）。

上圖
—
途中可以看到亞美尼亞的蘇聯歷史遺跡,例如位
於迪利然的蘇聯亞美尼亞五十週年紀念館(左)
和位於塞凡湖的作家度假村(Writer's Resort,
右),該度假村由亞美尼亞加盟共和國作家工
會(Writer's Union of the Armenian Soviet
Socialist Republic)於一九三〇年代初建造。

右圖
—
迪利然的露天圓形劇場充滿了古典雕像。位於市中
心的圓形劇場實際上是鎮上最新的景點之一。

駕車穿越心臟地帶

迪利然

阿拉加茨山
（海拔4,090公尺）

塞凡湖

霍斯洛夫國家森林保護區

葉里溫

▲ 亞拉拉特山
（海拔5,137公尺）

住哪裡

在葉里溫，不難找到乾淨又經濟實惠的房間，但這裡的氣氛通常會讓人覺得有點乏味。位於市區、環境優美的 Villa Delenda 是一個例外，儘管它的面積很小，但它有迷人的公共空間，包括一個圖書館。在迪利然，Toon Armeni Guest House 是一個簡單但很受歡迎的行程終點，有公共陽臺和田園花園。如果你是一日遊，這是另一個不錯的午餐選擇。

吃什麼

在葉里溫，Sherep 和 Lavash 兩家姐妹餐廳提供豐富多樣的當代亞美尼亞菜餚，友善的服務生會向你解釋這些菜餚的細微差別。在迪利然，Kchuch 餐廳也是類似的性質，但以更簡單的菜色位於鄉村中。試著在花園裡找個座位，坐下來品嘗食物。在沿途的路邊停車點，你還可以買到果乾、薄餅，如果你想冒險一點，還可以買裝在汽水瓶裡的私釀葡萄酒。

小祕訣

亞美尼亞較大的道路通常維護良好，但任何偏離主要的道路都可能極不平坦。請選擇離地有一定高度的車。葉里溫有幾家租車公司，但請注意，來自某些國家（包括美國）的司機必須持有國際駕照。如果你想在旅途中多點旅伴，可以去葉里溫的公車北站和其他人共乘私營小巴（marshrutka）。

十二群島（Dodecanese，或音譯多德卡尼斯群島）也許不是最著名的希臘島嶼，
但它們在名氣上所缺乏的部分，賦予了更多在地魅力和參觀村莊的自由，
你可以用自己的節奏在小酒館裡吃飯，或者在隱蔽的海灣裡過夜。

在希臘群島悠遊

SAILING AROUND THE GREEK ISLES

大多數人都聽說過一座希臘島嶼的美麗風光。羅德島（Rhodes），以古城和中世紀城牆聞名；科斯島（Kos），是著名考古遺址的所在地；還有帕特莫斯島（Patmos），被稱為「愛琴海的耶路撒冷」，使徒約翰在那裡寫了《新約聖經》的一部分。但在十二群島，還有更多的島嶼可以造訪，這十幾個島嶼組成了希臘東南翼的崎嶇群島。

十二群島是古希臘世界的一部分，先後由威尼斯人、鄂圖曼人和義大利人統治，島上散布著雄偉的拜占庭、中世紀紀念碑以及傳統住宅，顯示該地區有豐富的歷史。這條島鏈包括四個有人居住的小島，及一些只有乘船才能發現的無人小島。

「所有的島嶼都有自己獨特的魅力。航海度假可以讓遊客真正擺脫常去的路線。」Sailing Collective 旅遊公司創辦人戴揚・阿姆斯壯（Dayyan Armstrong）船長表示。

阿姆斯壯小時候就學會了在緬因灣（Gulf of Maine）乘坐一艘七公尺長的單桅帆船航行。二〇一一年，他推出了客製化行程，為世界上最美麗的島嶼提供包船服務，其中包括十二群島。他說：「我們自己安排行程，想調整就調整。如果我們看到一片美麗的無人沙灘或找到我們喜歡的

地方，我們就待在那裡。就像希臘人所說的『siga siga』（慢慢來），與環境建立連結關係。」

阿姆斯壯船長的行程包括以採集海綿聞名的卡林諾斯島（Kalymnos）和尼索斯島（Nisos），尼索斯是一個幾乎荒無人煙的島嶼，只有一間酒館。「像科斯島這樣較大的島嶼沒有太多體驗當地文化的行程，但在這樣的島嶼上，你可以真正感受到當地生活的況味。」阿姆斯壯說。「我們可能會遇到成群的野山羊，或者發現兩千年前的古遺址，或者在海濱酒館吃飯，身邊只有當地人一邊喝啤酒一邊分享他們的故事。」

他的路線因當地最常刮的風，以及客人的喜好而異。有些旅行是在卡林諾斯島進行的，晚上船隻會停泊在被陡峭懸崖隔開的海灣。「想像一下，當你駛入一個空曠的海灣時，海水如此清澈，你可以看到魚在船下游動。」阿姆斯壯說。

食物也是體驗十二群島的重要部分。「這是與文化聯繫的直接方式，」阿姆斯壯說，「我們有才華洋溢的廚師，他們試圖在我們去的每一個地方都融入當地的農產品，以便我們透過食物更接近當地文化。在某些地方，會看到一

位說英語的奶奶，我們會安排她在後院為我們做飯，這也是回饋社區的一個好方法。」

其他停靠港口包括利普西島（Lipsi），這是薩摩斯島（Samos）南部的一個岩石群，傳說美麗的海之女神卡呂普索（Calypso）在這裡俘虜世界上最偉大的水手之一奧德修斯（Odysseus）。「歷史在十二群島的航海行程中非常重要。」阿姆斯壯說，「在每個島嶼的最高點，都有拜占庭城堡和強大的軍事堡壘，這是一個文明的交會處。有一些城鎮是高聳入雲的，有一些位於海岸線上。建築風格通常會自然地融合在一起，在航行時，我們也能看到土耳其的海岸線。」

其中一個亮點是列羅斯島（Leros），它有著多變的風景和引人注目的重鎮勒基（Lakki），在義大利占領十二群島期間，墨索里尼的建築師魯多佛．佩特拉克（Rodolfo Petracco）和阿曼多．柏納比帝（Armando Bernabiti）將其設計成一個充滿理性主義的模範小鎮。阿姆斯壯說：「我們停泊的地方有一個美麗、難以到達的潘特利斯（Pantelis）海灣，可以躲避來自北方的融雪風。」

對於遊客來說，航海是一種透過新視角發現希臘的好方法。「很多人去過很多地方，但他們想用不同的方式看世界。」阿姆斯壯說。「登上我們的小船時，人們會找到一種自由和歸屬感。做這項工作的最大樂趣之一就是當我們航行到偏遠海灣或一個擁有稀少野生動物的地方時，我們會因為看到這些東西，激動得目瞪口呆。這是一種興奮的感覺，因為你永遠不知道從一個地方到另一個地方會看到什麼。」

「如果我們看到一片美麗的無人沙灘或找到我們喜歡的地方，
我們就待在那裡。」

左圖
—
帕特莫斯島上風景如畫的史卡拉村（Skala），有一個小港口和不錯的午餐選擇。島上沒有機場，這讓它不受其他希臘島嶼因遊客大量湧入的影響。

上圖
—
七月到十月，Sailing Collective 將在十二群島周圍航行，提供獨立的船艙作為團體航行的一部分，旅人還有機會包下整艘私人遊艇和船員。

上圖左

—

在列羅斯島,阿基亞瑪麗娜（Agia Marina）
和潘特利（Panteli）這兩個繁忙的小村莊都有
漁港。大多數小酒館都在水邊設有餐桌,在這
裡用餐時,木製漁船在附近輕輕擺盪,還有海
浪拍打著你的腳。

上圖

—

新鮮烤魚是十二群島的主食。米洛斯酒館
（Taverna Mylos）是阿基亞瑪麗娜鎮的一間
家庭餐廳,它被譽為整個群島最好的海鮮餐廳
之一。

希臘
GREECE

十二群島航行

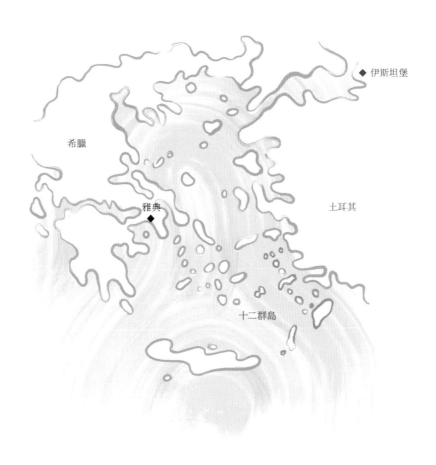

希臘

雅典 ◆

土耳其

◆ 伊斯坦堡

十二群島

住哪裡

遠離較大的島嶼,十二群島上的住宿簡單但舒適。在列羅斯島上,Villa Clara 是一間舒適的飯店,座落在一座新古典主義的豪宅裡,離海僅幾步之遙。在利普西島,Mira Mare 自助式民宿,步行即可到達可愛的連托海灘(Lientou Beach),是探險的完美基地。

吃什麼

希臘人有理由為他們享譽世界的美食感到驕傲。在列羅斯島,米洛斯酒館以現代烹飪方式提供的在地餐點,以及旁邊有風車、令人嘆為觀止的海岸環境,贏得了十二群島最佳餐廳之一的聲譽。在利普西島,一定要在卡薩迪亞海灘(Katsadia Beach)的 Dilaila 餐廳點新鮮的鮪魚。

小祕訣

學習並使用一些單詞 parakalo(請)或 excharisto(謝謝),將讓旅程更順利。雖然羅德島和科斯島上有很多派對,但大多數較小的環礁島都很低調。較偏遠地區很少有規劃好的港口,所以你可以小心地上岸參觀。

冰島幅員遼闊，但物價高昂，是一個適合露營的國家：租一輛車，帶上睡袋，前往偉大的未知冰川。
但是一定要在夏天這樣做，並為那些漫長明亮的北歐夜晚帶上眼罩。

在 冰 島 開 車 露 營

CAR CAMPING IN ICELAND

當飛機降落在冰島的凱夫拉維克機場（Keflavík），你會想知道自己是否抵達另一個星球，那是可以理解的。對於那些想探索冰島荒蕪的鄉村而不是首都的人來說，可以找到標誌性的路標：當你看到著名的藍湖溫泉（Blue Lagoon）地蒸氣時，便可以把你租來的車開向格林達維克（Grindavík）方向。

盡情享受風景帶來的所有自由。開車時，後車箱裡有一頂帳篷和睡袋，你可以按照自己的速度旅行，會有意想不到的發現，當你躺在裡面，便可以沉浸在冰島的風景中。夏天是露營的季節，明亮的夏夜可能會讓你一直醒著，但大自然的療癒聲會讓你慢慢入睡。睡帳篷也比其他類型的住宿便宜得多，每個成年人大約一千五百至兩千冰島克朗（十二至十六美元），而且通常不需要預訂。不過，請記住，野外露營是違法的，請一定要使用官方露營地。

在格林達維克的超市裡，你可以在進入 427 號公路之前為旅行儲備零食，冰島優格（skyr）、薄餅、魚乾、燻製羊肉或羊肉乾都是冰島露營的主食。這條公路會帶你經過冰島最熱門的新景點——二○二一年格林達谷（Geldingadalir）火山爆發的地點，然後前往衝浪者喜歡的

奧拉克什鎮。在哈夫納尼斯（Hafnarnes），你可以眺望大海，感受海浪拍打海岸岩石的力量。在塞福斯（Selfoss），你將進入一號環島公路（Ring Road 1），它沿著南海岸蜿蜒而行，途經冰島一些最著名的瀑布、黑沙灘和冰河湖，然後繼續環繞整個島嶼。在路上行駛大約兩個半小時後，你將到達如雷鳴般宏偉的斯科加瀑布（Skógafoss，別稱彩虹瀑布），以及位於其底部的露營地。

落水、鳥鳴、嗡嗡的蒼蠅和新鮮草味，都是大多數露營地體驗的一部分，涼爽的夜晚、毯子、烤熱狗和羊排的氣味在空氣中飄蕩。有時營地有公共燒烤架，但大多數商店都會提供一次性烤架，傳統熱狗 pylsur 和純素食品種 bulsur 也是如此。大多數露營的冰島人都會穿著由在地羊毛織成、綴有傳統花紋圖案的冰島羊毛衣（lopapeysur），一邊喝啤酒，一邊唱歌，玩遊戲，直到深夜。

早上，繼續沿著南海岸環島公路前行，那裡明亮的綠色植被和黑色的沙地開始成為主要景觀，單線道橋引領你穿過滾滾的河流。這條路線還將帶你穿過著名的拱門狀迪霍拉里海岬（Dyrhólaey）和矗立在海中的雷尼斯玄武岩海蝕柱（Reynisdrangar）。再經過兩個半小時的車程，你會發

現位於瓦特納冰川國家公園（Vatnajökull National Park）的斯卡夫塔營地（Skaftafell）是通往無數健行小徑的絕佳入口，其中包括通往斯瓦蒂瀑布（Svartifoss，意為黑色瀑布）的一條路徑，這是一條由柱狀玄武岩構成的瀑布。無論你是否在冰島健行，都要在有標記的小路上行走，以保護敏感的植被，也請不要打擾野生動物，當地也絕對禁止營火。

當你準備離開斯卡夫塔時，環島公路的下一段將引導你沿著瓦特納冰帽的山脊，穿過約庫沙隆冰河湖（Jökulsárlón）前往霍芬鎮（Höfn），這是一個吃午餐的好地方（當地稱之為「龍蝦之都」）。繼續向前行駛，你會看到狹窄的峽灣、形狀怪異的山脈，偶爾還會看到野生馴鹿。五個小時後，在艾伊史塔吉（Egilsstaðir）開向 95 號公路，然後是 931 號公路，在拉加爾湖（Lagarfljót）邊的哈特倫史塔吉國家森林區（Hallormsstaðaskógur）露營，這也是冰島最大的森林。繼續第二天的旅程時，你可以開車繞過拉加爾湖（Lagarflkót），在亨吉瀑布（Hengifoss）停下來，

該瀑布從層層分明的懸崖上傾瀉而下。

從島上向北驅車三個小時，你將前往胡薩維克（Húsavík），那裡是著名的賞鯨地點和世界級的 GeoSea 地熱海水溫泉浴場，或再花一個小時前往冰島北部最大的城鎮阿克雷里（Akureyri）。你可以在這裡過夜，享受一些在地文化（鎮上有一個露營地，郊區還有有一個），或者回到環島公路或北極海岸公路，在薩林谷地的勞加村（Laugar í Sælingsdal）進行最後一晚露營。在古德倫天然溫泉池（Guðrúnarlaug）放鬆，想像自己是古代冰島傳奇中的主角之一。爬進帳篷前，深吸一口氣，感受一下夏日溫暖陽光下的寧靜鄉村。在冰島露營時，你與大自然融為一體，當你離開時，會感覺你帶走了一部分的冰島記憶。

從這裡開車直達雷克雅維克需要兩個半小時。如果你有時間，在回家之前開上 365 號公路到辛格維勒國家公園（Þingvellir National Park）的露營地，那裡是冰島議會於西元前九百三十年成立的地方，也是地殼板塊移動之處。

左圖
—
攝影師羅賓‧佛克（Robin Falck）在歐洲最大的瓦特納冰原中休息。這座冰原覆蓋了冰島百分之八的陸地，內有活火山和冰島最高的山峰。

上圖
—
冬天，露營者可以在冰島博加內斯地區（Borgarnes）尋找極光。或者，旅人可以透過附近綠建築旅宿 Hotel Húsafell 設置的自動警報系統，知道極光幾時出現。

上圖
—
即使你是一位愜意的單人登山客,也建議
你在有經驗的導遊陪同下才去遊覽瓦特納
冰川。沒有專業人員的幫助,很難確認方
向,因為大雪會覆蓋大的裂縫。

右圖
—
熔岩瀑布(Hraunfossar)位於冰島西部
雷克霍特(Reykholt)不遠處,是惠特河
(Hvítá)流過的熔岩層形成的。

冰島
ICELAND

在環島公路上汽車露營

挪威海

雷克雅維克

哈特倫史塔吉國家森林區

環形公路

瓦特納冰原

胡薩維克　辛格維勒

凡納達斯努克山
（海拔2,110公尺）

維克鎮

住哪裡

如果你在露營體驗中比較喜歡有一張好睡的床，可以考慮睡在一個有暖氣的透明帳棚內，它可以是在木地板上，或者掛在冰島南部泡泡旅宿（Bubble Hotel）的樹上。想要更多的空間，可以嘗試在 Original North 溜冰，這是一個家族經營的旅宿，位於寧靜的北方鄉村冰川河岸。

吃什麼

在霍芬鎮，Otto Veitingahús & Verslun 是一間家族經營的餐廳，提供健康食品、家常烘焙食品和美味的早午餐。在阿克雷里，藝術巷（Arts Alley）的一棟紅色房子裡是 Rub 23 海鮮餐廳，專門供應美味的魚和肉。它還以壽司聞名。

小祕訣

夏季是在冰島露營的最佳季節，雖然一些露營地在冬季仍然開放。無論什麼季節中，都要帶上毯子和暖和的衣服。在指定營地外生火或露營是違法的，而且最好的做法是不留垃圾。你可以在 safetravel.is 網站找到有關在冰島開車和露營的基本資訊。

蘭薩羅特島的月球地形是世界上最不像葡萄園的地方。對於渴望逃離島上旅行團行程的登山客來說，
沿著火山之路（Camino de la Caldereta）健行的一天中，就是在葡萄酒歷史中漫步或蹣跚而行。

蘭 薩 羅 特 島

WALKING LANZAROTE'S WINE TRAIL

去烏加（Uga）的 60 號公車讓人像回到過去。這個小鎮看起來像是十九世紀北非一個沐浴在日光中的西班牙偏遠之地。白色方糖外形的屋子抵擋著酷暑，駱駝啃食無花果。在五月到九月之間，這個被粉刷過的偏遠之地只下了一天的雨。

然而，烏加位於加那利群島（Canary Islands）中的蘭薩羅特島（Lanzarote），與北非相隔一百三十公里的大西洋。更奇怪的是，這個與科威特和伊朗同緯度的沙漠小鎮是通往拉赫里亞（La Geria）的門戶，這是地球上最不可能出現葡萄酒的產區。

探索拉赫里亞葡萄園和酒莊的最佳方式是步行，沿著名為「火山之路」的灰黑色小道健行。從一七三〇年起，蘭薩羅特島被長達六年的火山大火撕裂，島上布滿了一百個火山灰坑。當時的在地牧師唐·安德烈·羅倫佐·柯貝洛（Don Andrés Lorenzo Curbelo）寫了一本日記，他寫著：「熔岩在瀑布中流淌。大量死魚漂浮在海面上或被拋到岸上。」

那個時候，當深紅色岩漿把綠色牧場變成黑色沙漠時，彷彿地獄到來。雨不肯下。柯貝洛的大多數信眾逃到了古巴。留在拉赫里亞的人則繼續祈禱。然而，當島民

在火山灰中挖掘時，發現下面埋著一層肥沃的土壤，葡萄被推回塵土中。如今，翠綠的藤蔓為蒂納索利亞火山（Montaña Tinasoria，火山之路附近的一座荒涼火山）下方的月景增添了色彩。半月形的石頭環繞著葡萄藤，棕櫚樹、番石榴、無花果和其他綴滿枝頭的水果，就像它們幾個世紀以來不變的模樣。

蘭薩羅特島的遊客可以品嘗到地球上其他地方找不到的葡萄品種。在一八六〇年代，歐洲大陸的葡萄栽培也發生了大災難，根瘤蚜的入侵摧毀了該大陸百分之九十的葡萄。其中包括從西班牙大陸消失的維吉列加品種（Vigiriega）。然而，它在蘭薩羅特島倖存下來，現在那裡的葡萄被稱為迪亞哥（Diego）。拉赫里亞有著黑色火山土壤的葡萄園是天然的有機葡萄園。每款葡萄酒樣品都帶有火山礦物質成分，伴隨因大西洋環流影響，產生獨特的濃厚風味。在這裡，正確選擇葡萄是非常重要的。在這些火山氣候中，脆弱的麗絲玲（Riesling）會枯萎。於是，釀酒廠以傳統方式種植黑麗絲丹（Listán Negro）葡萄，這是傳教士帶到墨西哥和秘魯其他炎熱殖民地的一種葡萄。

穿越拉赫里亞五十二平方公里的步道可能會讓人頭

量目眩，尤其是如果你忘了帶水瓶或帽子。約莫在午餐時間，風景就會像黑巧克力一樣融化。像加那利群島最古老的鷹獅酒莊（El Grifo），以自豪的品酒體驗和葡萄栽培吸引著登山客，比如有機會品嘗未被葡萄根瘤蚜蟲侵蝕的葡萄酒，這些酒還是以腳踩碎葡萄的方式進行釀造。

該地區葡萄栽培奇蹟背後的祕密就在盧比孔酒莊（Bodegas Rubicón）內，這是一個可以沿著火山口側面緩緩漫步的地方。十八世紀末，該酒莊發現了如何透過挖掘三公尺深的微型坑，並以最佳的方式在土壤孔洞內種植葡萄。這些洞有助於收集雨水，清晨的露水會從一側向葡萄樹滲透。火山岩堆積在上面，以保護植物免受北非盛行的乾燥風侵襲。駱駝是從撒哈拉沙漠進口來幫助收割的。葡萄長得很茂盛，木板上到處都是果實。除了駱駝之外，現在葡萄種植方式幾乎沒有變化。

從盧比孔酒莊出發，狂野的荒地繼續向東延伸。拉赫里亞的一些葡萄酒路線沿著一條六百五十公里的 GR131 登山步道展開，起點從蘭薩羅特島開始，蜿蜒穿過加那利群島中的七大島。酒紅色公里標桿標示路線，其他手繪的標誌指向更特別的酒廠，比如 Vega de Yuco 酒莊，它使用有機原則來照料兩百年前的葡萄藤。

島上的葡萄成熟得非常快。到了七月，從拉赫里亞步道向另一個死火山奎佛斯火山（Caldera de los Cuervos）望去，葡萄採摘工和農用卡車使這裡的景色變得充滿生機。相較之下，波爾多葡萄在九月份採摘，在德國較涼爽的阿爾薩斯葡萄酒產區，葡萄最晚可在 11 月收成。

奎佛斯火山上沒有時髦的酒吧。五公里長的路線穿過起伏的凝結岩漿，這是一段關於變動和重生的故事。正如柯貝洛在一七三一年所記錄的那樣：「一座巨大的山在同一天升起並沉回火山口。」

小徑盡頭的休息地是聖巴托洛梅（San Bartolomé），這是另一個迷人的小鎮，並在加那利島的酷熱下被粉刷成白色。在這裡，20 號公車載著登山客返回蘭薩羅特島的沿海首府阿雷西費（Arrecife），在那裡他們可以探索這個城市的寧靜魅力。

左圖
—
Vega de Yuco 酒莊是一家經營少數旅遊
行程和品酒的釀酒廠。雖然這是一個相對
較新的企業，但那裡生長的葡萄藤已有兩
百多年的歷史。

上圖
—
Ermita de la Caridad 教堂是位於拉赫里亞
中心的一座小小的羅馬天主教教堂，它的樹蔭
下有一棵秘魯胡椒樹（又稱加州胡椒樹），這
棵樹最初來自秘魯，現在已融入加那利群島。

上圖
—
蘭薩羅特島的所有新建築不能高於三層，
房屋外牆必須塗成白色，再加上簡單的立
方體結構，使它們成為火山土黑色景觀中
引人注目的外來物。

右圖
—
葡萄樹生長在穿過拉赫里亞的 LZ30 主要道
路旁邊，長而直的柏油路很受騎自行車的
人歡迎。

HIKING THROUGH LA GERIA'S VINEYARDS

格拉西奧薩島

大西洋

▲ 布蘭卡火山
（海拔458公尺）

奎佛斯火山

拉赫里亞

◆ 阿雷西費

布蘭卡灘

住哪裡

Buenavista Lanzarote 是一家精緻的牧場式酒店，位於葡萄園的中央。灰色的石牆，光禿禿的木道，清爽的白色床單，它的五間套房可以看到火山周圍的環境。在這個乾旱地區，鬱鬱蔥蔥的酒店花園有最美的景致，身處仙人掌、蕨類植物和釀造葡萄酒的葡萄樹中用餐是最好的體驗。

小祕訣

記住，你要徒步穿越蘭薩羅特島的荒野西部。那裡沒有地方購買瓶裝水，更不用說防曬霜了。但是，至少你不需要擔心葡萄酒包裝：像鷹獅酒莊這樣最好的酒莊會將大量被購買的葡萄酒裝箱，然後免費運到世界各地。

飛 機 餐

THE JOYS OF AIRPLANE FOOD

　　在我們這個數位遊牧、經常飛行和#travelinspo橫行全球的時代，過去被看不起的飛機餐，現在也變得很時髦了。在陸地上，這頓飯充其量也沒什麼特別的。但是，在三萬英尺的高空，最頑固也最自以為是的人，也會在餐車進入走道後藏不住喜悅。

　　每個人都期待著用餐時間，因為吃飯是生活的一大樂趣。在過去的幾個小時裡，當你被綁在椅子上，以一種不自然的姿勢觀看小螢幕上亞當‧山德勒（Adam Sandler）的電影時，午餐或晚餐的到來會更加令人興奮，而這是可以理解的。這讓任何長途飛行過的人想起刺激反應的時刻，當第一餐美味的食物氣味飄進機艙，這也分散了人們脊椎不適的感覺。這時乘客們開始變換姿勢，喃喃自語，數百隻眼睛緊盯著空服員分發鋁箔麵食和雞肉、帶奶油塊的餐包、幾片生菜葉和塑膠罐裝巧克力布丁。

　　但是，從無聊和不舒服中分心，足以解釋為什麼人們會對一英里高的用餐時間如此瘋狂嗎？

　　理查‧佛斯（Richard Foss）是加州的飲食與文化史學家，著有《飛機餐的歷史》（*Food in the Air*

and Space: The Surprising History of Food and Drink in the Skies，暫譯）一書。對他來說，這個問題引發了一些深刻思考，包含人們在飛行中所產生的特別經歷。

「我認為機上食品的吸引力與飛行中人體的生理機能有關，」佛斯說。「即使你是一個經常飛行的人，基本上來說，坐飛機的經歷仍會讓你感到緊張。你身處一個不自然的、陌生的環境中，是一個與地球上任何其他環境都不相似的空間，還有一種低沉的聲音不斷提醒這種體驗的不同之處。你周圍都是陌生人，某些時候你會感到緊張。但食物能令人感到安慰，這是整個飛行體驗中最平常的事情。」

飛機上食品的味道被積極地設計成正常狀態。它富含碳水化合物、鹹味，通常缺乏創新口味。「機上的食物被設計成能令人感到撫慰的食物。如果你喜歡具有獨特風味組合的食物，那麼你仍然可以試著吃一頓清淡、脂肪豐富的飯，並享受它。」佛斯說，「如果你喜歡一般、油膩的飯菜，但

「如果你喜歡一般、油膩的飯菜，但卻被提供一些非常奇特的食物，
那可能就不想吃了。所以，提供吃來舒適的食物，
是一個經過深思熟慮的決定。」

卻被提供一些非常奇特的食物，那可能就不想吃了。所以，提供吃來舒適的食物，是一個經過深思熟慮的決定。」

如果你也偏愛葡萄酒搭配平淡的晚餐，那麼你會有一頓像樣的餐點。飛行中提供的第一種食物或飲料，是一七八三年第一個飛行熱氣球上的一瓶香檳，該熱氣球在包括班傑明・富蘭克林（Benjamin Franklin）和法國國王路易十六（King Louis XVI）在內的一個派對中飛行。這種提供飲品的目的，也是為了讓人感到撫慰和愉悅：如果你將死於被一大袋氫氣壓住，那你不妨出去喝香檳。

隨著航空旅行的時間拉長，為乘客提供食物的需求變得更加迫切。因為早期的航空旅行如天文數字般昂貴，一個鮪魚三明治和幾顆花生根本無法滿足需求。而真正需要的是熱的食物和飲料，這又為機組人員帶來了一個問題：熱通常意味著火災，這是飛機上最危險的事情。

為了解決這個問題，而有未來幾個世紀的各種創新。有些是適合的，比如生石灰水烹煮法，可以在沒有火的情況下加熱咖啡，但還有一種方法，尤其是對過去七十年來大多數打開烤箱的人都很熟悉的。

佛斯說，在第二次世界大戰期間，美軍意識到在高空乘坐「無壓飛機」，會讓抵達歐洲的部隊人員產生不舒服、脫水及生病狀況。「美軍進行了一次軍事招標，尋找能夠在飛機上加熱食物的企業家。對此，洛杉磯的一位企業家發明了微波爐，它能使熱空氣循環，非常均勻、快速地加熱食物。」

在二戰後航空旅行的黃金時代，顧客對機上品質的期望急劇上升。在一九七八年放鬆管制之前，美國的旅遊價格由政府決定。這意味著航空公司要獲得客戶，唯一能做的就是提供比競爭對手更好的服務。這引發了航空公司互別苗頭的新時代，包括所謂的狩獵早餐（hunting breakfast），美國西部航空空姐們穿著紅色狩獵夾克，在走廊上行走，同時播放著號角和狗吠的聲音。「過去有二十種不同的食物可供選擇，從猶太食品到無乳糖食品，再到印度素食。」佛斯深情地回憶，「如果你在週五飛往天主教國家，哇，你會得到新鮮的海鮮！」

過去，在飛機上吃飯是一件奢侈的事情。現在，隨著機上食物的安排簡化，在機上飲食的興奮感也許更能證明食物基本上能給予撫慰和娛樂的力量。當然，幾道豐盛的美味佳餚是很棒的。但如果沒有，一頓熱飯也就足夠了。歸根究柢，在飛機上吃飯的樂趣也被視為單純是進食的樂趣。

慢 旅 行

HOW TO TRAVEL SLOWER

　　「拒搭飛機」運動（antiflying movement）始於瑞典，瑞典語稱之為Flygskam，直譯成英文為「Flight shame」（搭機羞羞臉），倡導者旨在透過讓乘客感到羞恥進而考慮用其他方式來代替搭機旅行，降低碳排放量。

　　該運動最著名的代表人物是瑞典「環保少女」童貝里（Greta Thunberg），她在提出以下統計數據後增加了支持者：航班排放的溫室氣體占全球溫室氣體的百分之二・五，根據瑞銀（UBS）的數據，航空旅行每年增長百分之四到百分之五，基本上每十五年翻一倍；如果不加以控制，到二一〇〇年，氣候變化可能會導致海平面上升五十至一百八十公分。全球暖化不僅會使整個國家下沉，且會導致移民，還可能使航空旅行陷入困境：西嶼（Key West，海拔高度一・五公尺）和威尼斯（海拔高度兩公尺）的機場將面臨風險。

　　幸運的是，Flygskam已經發揮了作用。在德國被稱為Flugscham的運動，從二〇一八年十一月至二〇一九年十一月，國內航班數量下降了百分之十二，同一時間段內，國家鐵路營運商德國鐵路公司（Deutsche Bahn）也提供了創紀錄的乘客人數。

多虧了一種新型的「航空殺手」鐵路，現在乘坐飛機被認為是一種不光彩的事情。從米蘭去羅馬的這條航線，以前是義大利最繁忙的空中走廊，現在有時速三百公里的火車穿過倫巴底大區的果園和托斯卡尼丘陵。在經濟艙中，乘客可以使用可折疊的桌子和免費無線網路在真皮躺椅上工作。貴賓級客人可以進入休息室並優先上車，還可以享用開胃酒並觀看有專屬螢幕的影片。如果考慮到安全、領取行李和進城通勤這些事，從市中心到市中心的旅程會比搭乘飛機快三個小時。只有被虐狂才會從馬德里飛到巴塞隆納、伊斯坦堡飛到安卡拉，或巴黎飛到馬賽，但這些地方其實已經有類似從城市通往城市的火車路線。

有趣的是，世界上二十條最繁忙的航空線路中，有十八條是國內航線。由於火車速度越來越快（中國目前正在測試時速五百九十五的路線），而飛機卻沒有，這些在繁忙的空中走廊的交通可能會大幅減少。目前，世界上最繁忙的兩條國內航線上正在建設高鐵項目：東京至札幌（年客運量一千萬人次）和雅加達至泗水（五百萬人次）。

坐火車可以是一種享受生命的快樂。柬埔寨陽光明媚的海岸上，從金邊到西哈努克（Sihanoukville，西港）重新開放的路線中，老式的德國車廂沿著軌道嘎嘎作響，這是自一九七〇年代紅色高棉封鎖該國邊境以來幾乎沒有使用過的路線。這列柬埔寨小火車停在出售魷魚味薯片的鄉村，然後在叢林中呼嘯而過。從未變過價格的門票為二萬八千瑞爾（約七美元），與機場三明治的價格相同。

挪威最長的客運列車行駛於特隆海姆（Trondheim）和博德（Bodø）之間。這條鐵路長達七百二十四公里的峽灣和森林景緻非常吸引人，挪威電視臺在播放普通事件的慢電視（Slow TV）特別節目中，長時間播放了長達十小時的旅程。而這輛列車真正的門票只需三百挪威克朗（約三十四美元），那為什麼要花更多的錢飛行？

而社群媒體拯救了某些鐵路線路。原本土耳其長達一千三百一十公里的東部快線計劃將被廢除，直到網友開始在Instagram發布裝飾過的火車臥鋪照片，並將運動相機GoPros綁在火車車頂，這條三十小時路線的官方Instagram帳號現在已經累積四十萬粉絲，而火車票立即售完。

馬克・史密斯（Mark Smith）是撰寫火車旅行指南《六十一號座位上的人》（The Man in Seat 61，暫譯）的火車迷，他記錄了鐵路在過去二十年中的崛起。「當我在二〇〇一年創辦seat61.com時，人們告訴我為什麼他們想坐火車而不是飛機，他們通常會說他們有飛行恐懼症。」他表示，「當我在一九八〇年代開始旅行時，氣候變化甚至不是一回事。」現在，乘客們告訴史密斯「兩件事可以一氣呵成：他們想要一種替代航空體驗的方式，而且他們想要減少碳足跡。」

史密斯提出了支持慢旅行的第二點：「我喜歡旅行，但這包含著旅行和目的地這兩件事，」他說，「乘坐火車和輪船，可以看到沿途旅程，並且有著舒適的體驗。你不必繫上安全帶，還可以站起來四處走動，你可以睡在床上，還可以在餐廳吃飯。」布列塔尼渡輪從英國出發的路線，現在有來自海洋保護慈善機構ORCA的野生動物志工，他們幫助乘客在途中找到長鬚鯨和條紋海豚。「我的意思是，你不會因為幫地球的忙而受苦，」史密斯說。「當你轉向陸路旅行，就是在幫自己的忙。」

那麼，為什麼航空公司的使用量繼續增長？因為官僚體制無濟於事。高速鐵路歐洲之星（Eurostar）花了十年時間才推出一條從倫敦到阿姆斯特丹的額外路線。全球航線最多的國際航空公司瑞安航空（Ryanair），通常每年就推出了數百條新航線。投資不足也是一個長期問題：美國鐵路公司的臥鋪服務促使他們將幅員廣闊的國家連結起來，但也經常出現座位破損和差勁的服務。而且從紐約到波士頓的主要高速線路平均時速一百零九公里，獵豹可以跑得更快。

但幸運的是，改變正在醞釀之中。布魯塞爾至維也納的夜間臥鋪車廂在中斷了十七年之後，最近重新開放。它提供了橫跨大陸的旅行選擇，一端連接倫敦和巴黎，另一端連接布達佩斯和貝爾格勒（Belgrade）。到二〇二二年，奧地利鐵路運營的全日服務將以看起來像膠囊酒店的迷你套房為特色。另一條新的臥鋪路線將通過馬爾默（Malmö）和哥本哈根連接斯德哥爾摩和柏林。日本的子彈列車已經變得如此之快，以至於日本只剩下一個臥鋪車廂：從東京到西海岸的日出瀨戶號。

Flygskam還鼓勵遊客更多元地了解自己的碳足跡，並減少交通量，因為交通量占溫室氣體的百分之二十八。因為抱著罪惡感「偷偷搭機」（att smygflyga，flygskam的反義詞），並非最終解答。

GPS 的 好 與 壞

THE PROS AND CONS OF GPS

　　你可以在一個城市裡住上幾年，對我來說可以是十年，但有時你仍然會發現自己在城市的街道路網中迷失方向。以倫敦市中心的蘇活區為例：它的道路和車道十分複雜，即使是以了解城市地理而聞名的黑人計程車司機，也常常需仰賴記憶來理解它。「Good for Dirty Women」的字首依序代表平行的希臘街（Greek St.）、弗里斯街（Frith St.）、迪恩街（Dean St.）和華多街（Wardour St.）。或者「Little Apple Grow Quickly Please」，它可以精確定位附近萊斯特廣場（Leicester Square）上各個影院的位置。對於任何在大都市中行走的人來說，從記憶或視覺線索中思考路線，長期以來都是尋找道路所必需的。

　　現在因為智慧型手機普及，但在GPS出現之前，大多數人就像隨身攜帶一臺電腦。一方面，這是一個非常好的消息：由於衛星導航的便捷性，人們再也不會迷路了，因為這是一個很棒的必需品。在任何城市，人們都可以透過打開應用程式，看著螢幕上的指標找到自己的路。藍色的路線將在最短的時間內將你帶到目的地，同時祈禱不會遇到太多麻煩。

　　另一方面，如果我們喜歡有一點小麻煩怎麼辦？雖然沒有人會選擇在公共道路上有交通堵塞，

但沒有GPS導航的過程是可行的。我們可以稱之為模擬導航，它仰賴導航不斷做出的小選擇。科學研究證明，自己做出這些選擇實際上可能對我們有好處。那上述的倫敦計程車司機呢？他們不依賴GPS。倫敦的黑人計程車司機只有經過嚴格的學習和考試（稱為「The Knowledge」）才能獲得駕照。這被視為世界上最密集的計程車司機培訓項目，需要大約三年的時間才能完成。要通過考試，司機必須認識市中心方圓十公里內兩萬五千條街道，並且可以在三百二十條不同的路線上經得起考驗。

二〇〇〇年，倫敦大學學院一項令人驚訝的研究證明，黑人計程車司機的海馬迴比其他人大，而且大腦的這個部分在工作中仍繼續成長。這是一個讓認知科學家們著迷的領域，比如倫敦大學學院的伊娃瑪麗亞‧格里斯鮑爾博士（Eva-Maria Griesbauer），她認為這可能也會影響他們對城市的體驗。「我和很多了解倫敦的黑人計程車司機談過，他們都有類似的經歷。」她說，「當他們被要求去倫敦某個特定的地方時，他們似乎馬上就知道如何去那裡。也許你可以把這件事與你居住的社區相提並論：你就是會知道當地的超市、全科醫生或牙醫在哪裡。通常你可以直接到那裡，而不必計劃路線或在地圖上查找。」

「迷路是生活中最令人興奮的事情之一。
令人驚訝的事情會發生。向陌生人問路是向陌生人詢問任何
事情的少數原因之一。」

　　格里斯鮑爾說，這表示，對於計程車司機而言，整座城市就像他們的在地社區。他們只有透過不斷使用大腦導航，而不是地圖或衛星導航，才能達到這種體驗水準。

　　運用認知能力導航是一個好主意，因為我們能夠將任何區域變成自己的地盤。這表示，依賴自己的能力而不是智慧型手機有時是一件好事。紐約設計師兼地圖製作人亞契‧艾尚博（Archie Archambault）運用這個想法，並將其轉化為他所稱的「思維地圖」。當然，這些地圖描繪了一個地方的「大局」。它可能不是專門為幫助用戶導航而設計的，而是提供代表一個地方最能定義它的元素，例如道路、河流和地標。

　　這些地圖與智慧型手機衛星導航相反，它更適合放在牆上，而不是放在身後的口袋裡。它們以錯綜複雜的細節替代美感，並掌握城市的外觀和感覺。但正如艾尚博所指出的那樣，除了簡單地到達那裡，還有更多的事情要做。「一方面，感謝衛星導航，永遠不會迷路真的很好，」他說。「另一方面，迷路是生活中最令人興奮的事情之一。令人驚訝的事情總會發生。向陌生人問路是向陌生人講話的少數原因之一。這些小小的互動幫助我們保持信心，相信社會不會一團糟，因為人們通常都很善良，都有一些特殊的知識。」

　　冒著迷路的風險也可以幫助你發現一個地方的新事物，即使是在你的家鄉。正如格里斯鮑爾所指出的，計程車司機要想把整個城市變成他們的在地社區，需要付出艱苦的努力。她說：「要達到這個知識水準，需要多年的培訓和學習。」「但讓他們實現這目標的是他們對這座城市的熱情，其中包含了理解倫敦的一切是如何聯繫起來的挑戰。」

　　我自己最常閒逛的地方是倫敦漢普斯特德荒野公園（Hampstead Heath），這是一片古老的綠地，橫跨倫敦北部三百二十公頃。當我開始在附近走動和跑步時，電話的通訊受到限制，所以我迷路了，然後也終於回到原路。我可以沿著想去的路線或小徑穿過泥濘的林地，繞過池塘，走上山丘又走下山丘。在這樣做的過程中，我發現了關於荒野樹林的新事物：我知道樹上有啄木鳥的聲音，哪些山丘能看到倫敦摩天大樓的最佳景色。我也因此知道能少走一點路的小徑，它們是繁忙日子裡最好的路線，以及為了躲避交通噪音可以走到多遠。多年後，我以一種具體的方式了解這一切，儘管我意識到記憶並不完整或永久，甚至計程車司機退休後海馬迴也開始萎縮。但當我現在走在漢普斯特德荒野公園上時，我會自動這樣做，只因為快樂、記憶和為我選擇路線的欲望。

致　謝

THANK YOU

KINFOLK 團隊要謝的實在太多。除了巴爾的摩的書和喬治亞州的魚兒外，我們還要向所有參與出版過程，一起做書的夥伴獻上感激。

由衷感謝書中每一位接受拍攝與訪談的人，歡迎我們走進他們稱之為家的地方，並投入大量時間和心力，呈現出這些美好的故事。非常謝謝你們的耐心、親切與慷慨。

我們也誠摯感謝來自世界各地、才華洋溢的攝影師與文字工作者，以鏡頭和筆鋒捕捉這些故事，讓它們活靈活現，躍然紙上。沒有你們，這本書不可能完成。謝謝你們讓 KINFOLK 得以透過你們的見聞觀看、聆聽這個世界。能與你們合作，出版你們的作品是我們的榮幸。特別感謝經驗豐富的旅遊作家史蒂芬妮·達克·泰勒細心琢磨〈漫步城市〉與〈野遊自然〉，讓這兩個單元在她筆下成真。

謝謝《KINFOLK 啟程》創意團隊，約翰·伯恩斯、史達芬·蘇恩史壯、哈莉葉·費區·利特與茱莉·佛恩柏森。特別感謝史達芬負責書籍設計與藝術指導，統籌影像拍攝。另外，史達芬想向托爾斯港急診室的安·格拉博醫生（Dr. Anne Glarbo）致意，他於法羅群島拍攝時頭部意外受傷，幸得格拉博醫生替他縫合，治療傷勢。為此，他萬分感激。

謝謝蘇珊·布克·彼得森與艾迪·曼納寧打理行政事務，掌控大家的進度。感謝 KINFOLK 的其他同事，朴朱準（Chul-Joon Park，音譯）、張成澤（Seongtaek Jang，音譯）、克里斯蒂安·莫勒·安徒生（Christian Möller Andersen）、賽希兒·耶格森（Cecilie Jegsen）和艾力克斯·杭丁（Alex Hunting），謝謝你們的付出和耐心。

感謝封面模特兒潔西卡·波薩達（Jessica Posada）與攝影師羅德里格·卡莫耶加，他總是能用影像呈現出我們想要的感覺。謝謝造型師露娜·卡柏斯（Lune Kuipers）、化妝師麥可·哈丁（Michael Harding），以及場景設計菲比·莎士比亞（Phoebe Shakespeare），於幕後創造出令人驚豔的作品。

非常感謝 Artisan Books 出版社發行人黎雅·蓉南（Lia Ronnen）一路走來始終給我們滿滿的支持，將 KINFOLK 推向新的高度，也謝謝出版團隊的布姬·夢露·海琴（Bridget Monroe Itkin）、南希·莫瑞（Nancy Murray）、莊雪（Suet Chong，音譯）、札克·格林渥德（Zach Greenwald）和卡森·隆巴底（Carson Lombardi）在過程中提出的想法、建議和努力。感謝泰瑞莎·柯利爾（Theresa Collier）、艾莉森·麥可吉宏（Allison McGeehon）和艾咪·卡坦·米契森（Amy Kattan Michelson），讓本書得以問世。

最後，一如既往，感謝讀者選擇與我們一起共度時光。希望這本書能啟發你用不同的方式重新感受、觀看這個世界。

幕後製作
CREDIT

文字 WRITERS

Astrig Agopian
293-294

Adam Graham
229-230

Monisha Rajesh
271-272

Rima Alsammarae
65-66

Alice Hansen
91-92

Asher Ross
108-111

Amira Asad
259-260

Teri Henderson
83-84

Tristan Rutherford
319-320, 335-337

Ann Babe
27-28

Tim Hornyak
214-217

Alex Shams
147-148

John Bartlett
37-38

Elle Hunt
137-138

Ricci Shryock
57-58

John Burns
11, 343

Gauri Kelkar
73-74

Eygló Svala Arnarsdóttir
311-312

Stephanie d'Arc Taylor
330-333

Ana Kinsella
338-341

Tom Taylor
181-182

Cody Delistraty
223-225

Alexandra Marvar
191-192

George Upton
155-156, 243-244

Daphnée Denis
104-107

Francesca Masotti
47-48

Pip Usher
115-116, 281-221

Tom Faber
101-103

Sarah Moroz
15-16

Natalie Whittle
127-128

Heidi Fuller-Love
301-302

Lina Mounzer
171-172

Ayn Gailey
281-282

Okechukwu Nzelu
203-204

其他封面幕後製作人員——攝影助理：Darren Smith & Joe Wiles。造型助理：Grizel Salazar。髮型和化妝助理：Olivia Cochrane。布景設計助理：Hannah Joynson。製作：製作工廠的 Phoebe Hall and Dan Line。帽子：Mature Ha，Mouki Mou 提供。毛衣：Toogood。褲子：Studio Nicholson。背包：Egg。靴子：Legres。自行車鞍座和握把：Brooks England。

索引

INDEX

Note：斜體頁碼指的是照片。

國家圖書館出版品預行編目資料

KINFOLK啟程：悠然觀看世界的每一分美好/ 約翰‧
伯恩斯（John Burns）著；郭庭瑄 譯. 一初版.---臺北
市：三采文化，2023.02

面：公分.—（Beauté：10）

譯自：Kinfolk travel : slower ways to see the world

ISBN 978-626-358-002-2 (精裝)

1.CST: 旅遊文學 2.CST: 世界地理

719   111021168

Beauté 10

KINFOLK 啟程

悠然觀看世界的每一分美好

作者｜約翰‧伯恩斯（John Burns）　　譯者｜郭庭瑄

編輯一部 總編輯｜郭玫禎　　主編｜鄭雅芳　　執行編輯｜陳岱華　　版權選書｜杜曉涵

美術主編｜藍秀婷　　封面設計｜李蕙雲　　內文排版｜陳佩娟

發行人｜張輝明　　總編輯長｜曾雅青　　發行所｜三采文化股份有限公司

地址｜台北市內湖區瑞光路 513 巷 33 號8樓　　傳訊｜TEL：8797-1234　FAX：8797-1688

網址｜www.suncolor.com.tw　　郵政劃撥｜帳號：14319060　戶名：三采文化股份有限公司

本版發行｜2023年2月24日　　定價｜NT$2500